LOUIS D'ESTAMPES

PÈLERINAGE
DE ROME

Mai 1877

*Credidi, propter quod
locutus sum.*

— 1 FR. 50 —

SAINT-BRIEUC

BUREAUX DE L'*Indépendance Bretonne*

PÈLERINAGE
DE ROME

Imprimerie L. Prud'homme.

LOUIS D'ESTAMPES

PÈLERINAGE DE ROME

Mai 1877

Credidi, propter quod locutus sum.

— 1 FRANC 50 —

SAINT-BRIEUC

BUREAUX DE L'*Indépendance Bretonne*

A SA GRANDEUR

Monseigneur DAVID

ÉVÊQUE DE SAINT-BRIEUC ET TRÉGUIER

Très-respectueux hommage.

« Saint-Brieuc, le 28 juin 1877.

» Monsieur,

» Vous voulez me dédier votre *Pèlerinage de Rome*? Je ne puis qu'être flatté de cette attention, comme je suis assuré d'avance qu'il sortira de vctre plume un récit plein d'intérêt, et de votre cœur des sentiments dignes d'un catholique à qui Pie IX vient de conférer le titre de Chevalier de Saint-Grégoire-le-Grand.

» Un des maux de notre temps, quelque chose qui est tout à la fois une décadence et une menace, c'est que dans une société chrétienne, tout journal rédigé par des chrétiens ne mette pas la Religion au-dessus de tout, même des idées politiques les plus honorables et les plus chères.

» J'aime à dire, sans entrer dans aucune préoccupation politique, que votre journal a toujours défendu la Religion avec un zèle qui ne s'est pas démenti, et c'est là ce que Pie IX a voulu récompenser.

» Si dans votre opuscule vous faites passer quelque chose de nos joies et de nos admirations, soit en voyant et en entendant Pie IX, soit en nous agenouillant dans les immortelles Basiliques de Rome, soit en nous arrêtant devant les chefs-d'œuvre de l'art chrétien, vous êtes certain de captiver puissamment vos lecteurs.

» Il en sera ainsi.

» Dans les cinq ou six audiences publiques où nos Pèlerins ont pu voir Pie IX, comme dans l'audience privée dont vous avez eu la rare faveur, vous avez constaté que personne ne l'approche sans être frappé de sa grandeur, et que personne ne le quitte sans le vénérer et l'aimer. C'est à lui seul qu'on a pu appliquer récemment le vers du poëte :

O vir non ipso, quem regis orbe minor.

» La Providence nous a fait dans notre voyage des jours si sereins, si doux, si remplis, que je les compte pour moi au nombre des meilleurs de ma vie.

» Vous saurez en peindre le charme, et en tirer les religieux enseignements.

» Agréez les sentiments distingués avec lesquels je suis,

» Tout vôtre,

» † AUGUSTIN,

Évêque de Saint-Brieuc et Tréguier. »

PÈLERINAGE

DE ROME

DE SAINT-BRIEUC A PARIS

16 avril 1877.

Il est 4 heures 43; les abords et la cour de la gare sont remplis d'une foule aussi nombreuse que sympathique. La ville de Saint-Brieuc, tout entière, a tenu à s'associer au grand acte d'amour que vont accomplir des Bretons du diocèse sous la conduite de leur Évêque vénéré. Monseigneur David est là, souriant et fier dans sa joie de Pontife. Il emporte la riche offrande de la fidélité. Il conduit aux pieds du Saint-Père 150 pèlerins, qui seront avec Sa Grandeur les témoins de la Foi de ce catholique Pays, dont les armes pourraient être une Croix en chêne sur socle de granit, et, se détachant sur ce fond semé d'hermines, un Breton à genoux.

Les cloches sonnent à toute volée, mais le cri strident de la locomotive retentit. On monte en wagon; en deux minutes chacun est à son poste de voyage. Point d'encombrement, point de confusion. Les adieux ont lieu à ce cri d'espérance : *au revoir!* Les vœux et les prières de nos familles, de nos amis nous suivent, et la bénédiction du Saint-Père nous accompagne. Nous trouvons, en effet, dans les voitures la lettre suivante, autographiée et distribuée, par une gracieuse attention, à chacun de nous. Elle a été adressée à Monseigneur David.

« Illustrissime et Révérendissime
» Seigneur,

» J'ai reçu la lettre de Votre Grandeur
» avec la circulaire qu'elle contenait, et
» j'ai tout communiqué au Saint-Père.

» Sa Sainteté a été vivement consolée
» de cette nouvelle preuve d'amour que
» les fidèles des extrémités de la Bretagne
» se disposent à lui donner, sous l'impul-
» sion de leur premier Pasteur, et c'est
» du fond du cœur qu'Elle accorde la
» bénédiction du départ que vous avez
» sollicitée, en attendant de la renouveler
» personnellement aux pèlerins de votre
» diocèse, quand Elle aura le plaisir de
» les recevoir, présentés par votre Sei-
» gneurie.

» Quant à moi, je serai heureux de
» vous voir à Rome et de me mettre à
» votre disposition pour tout ce qui vous
» sera agréable, selon mon pouvoir.

» Avec les sentiments de mon estime
» la plus distinguée, je suis,

» De votre Seigneurie Révéren-
» dissime et Illustrissime, le
» serviteur,

» GIOVANNI, Cardinal SIMÉONI. »

A Lamballe, même affluence, mêmes sympathies qu'à Saint-Brieuc, les cloches de Notre-Dame et des paroisses, envoient à Sa Grandeur leur harmonieux salut; quelques pèlerins se joignent à nous; à Plénée-Jugon, à Broons, à Caulnes-Dinan les vides se garnissent. Complet! crie-t-on de toutes parts, et nous arrivons à Rennes. Après l'arrêt réglementaire, nous repartons vers Paris. Il est nuit; c'est l'heure de la prière et du repos... relatif.

....

Le jour se fait peu à peu; nous avons pu saluer aux lueurs de l'aurore Chartres et son antique Cathédrale. Voici Rambouillet, mais le train continue, il ne porte pas des amateurs de chasse; puis Versailles, la ville du Grand-Roi, actuellement capitale du Gouvernement. Les pièces d'eau sont plus tranquilles que l'océan politique, et les arbres séculaires du parc semblent, — reste de leur royale origine, — dédaigner de s'incliner au souffle des tempêtes parlementaires...

Nous avons franchi les fortifications ; nous entrons dans Paris par la gare Saint-Lazare. Paris, nous l'aimons malgré ses *odeurs*, qui ne peuvent atteindre au point culminant que nous gravissons de bon cœur, sans nous ressentir de la fatigue d'une nuit passée en chemin de fer. Ce point culminant, c'est Montmartre, où l'église du Vœu National sera érigée au Sacré Cœur de Jésus par la France pénitente. Les fondations sont gigantesques et le coup d'œil splendide. Nous inaugurons notre Pèlerinage :

Dieu de clémence,
O Dieu vainqueur,
Sauvez Rome et la France
Par votre Sacré Cœur !

DE PARIS A MODANE

17 et 18 avril.

A 3 heures 05 nous partons de Paris par la gare de Lyon. Personne ne manque à l'appel.

Du voyage de Paris à Modane, nous ne parlerons que pour mémoire. Jusqu'à Ambérieu, la route est jolie, mais elle est aussi connue que les chasselas de Fontainebleau, les anguilles de Melun, la moutarde de Dijon, les vins de Mâcon, les grasses volailles de Bourg-en-Bresse. Nous nous arrêtons vers 7 heures du matin à Ambérieu, point où se joignent les lignes de Mâcon et de Lyon à Genève, et nous avons l'honneur de saluer Monseigneur Dupanloup, qui s'entretient quelques instants avec Monseigneur David. Les pèlerins se pressent respectueusement autour de la portière du wagon de l'éloquent défenseur de la liberté de l'enseignement supérieur. L'illustre Évêque d'Orléans parait très-touché de ce témoignage de courtoise déférence.

D'Ambérieu à Culoz, nous remarquons de nombreuses statues de la Très-Sainte Vierge et des croix qui décorent les montagnes entre lesquelles nous passons. La vallée est garnie de riches filatures.

A 9 heures, nous sommes à Culoz, où nous prenons, après un déjeûner enlevé à la vapeur, la voie d'Italie.

La ligne de Genève reste à notre gauche; nous traversons le Rhône, sur un beau pont en fil de fer, disent les guides que nous avons tous à la main; bientôt nous atteignons par le côté nord l'extrémité du lac du Bourget, que nous longeons sur la rive droite dans toute son étendue qui est de 16 kilomètres de longueur sur 5 de largeur. La profondeur de ces eaux bleues et limpides qui se trouvent à 231 mètres au-dessus de la mer varie de 80 à 100 mètres. Nous distinguons l'abbaye historique de Haute-Combe, qui fut autrefois le tombeau des ducs de Savoie.

N'est-ce pas le lac du Bourget qui a inspiré à Lamartine cette délicieuse romance qu'une ravissante voix de jeune fille, poète comme on l'est à 18 ans et quelquefois toujours, envoie aux échos de ce paysage ravissant de grandeur et de calme :

O lac, t'en souvient-il, nous voguions en silence
On n'entendait au loin sur l'onde et sous les cieux
Que le bruit des rameurs qui frappaient en cadence
Tes flots harmonieux.

....

Ainsi toujours poussés vers de nouveaux rivages,
Dans la nuit éternelle emportés sans retour,
Ne pourrons-nous jamais sur l'océan des âges
Jeter l'ancre un seul jour ?

Il est un lac, ô poète, plus pur que celui du Bourget, un lac d'azur toujours tranquille et beau où vogue la barque de Pierre si agitée par les orages d'ici-bas. On peut y jeter l'ancre, mais, selon le mot de Louis Veuillot, *il faut la jeter en haut.*

Quels pittoresques points de vue! Quelle variété d'aspects tour à tour sévères ou gais, graves ou charmants !

Nous passons avec la vitesse brutale mais commode qui caractérise la précision du railway.

Aix-les-Bains nous apparaît dans une spacieuse vallée à travers des montagnes. Les eaux minérales de cette station balnéaire peuvent bien mériter leur antique réputation qui remonte à l'époque romaine; elles nous sont inutiles, car la santé de tous les Pèlerins est excellente. Nous ne nous arrêtons ni à Aix-les-Bains, ni à Chambéry qui domine les plaines fertiles de la Savoie.

Nous sortons de Chambéry, à 11 heures, par la profonde tranchée pratiquée dans les rochers qui forment la base de la montagne Lemenc; nous gagnons les Marches, dont les abords escarpés rappellent le douloureux souvenir de seize villages engloutis en 1248 sous un éboulement ; les petits lacs surnommés *abîmes de Myans* et quelques monticules coniques aujourd'hui plantés de vignes fournissent par leur présence en cet endroit les preuves authentiques et matérielles de cette commotion du sol. Mais il faut savoir son guide du *Pays* (un nom prédestiné) pour s'apercevoir des quelques traces de la catastrophe.

Nous sommes dans la Maurienne, région triste et d'apparence pauvre dès que l'on a passé les sites gracieux de Montmélian. La neige sur les montagnes, des marais dans la vallée. On pense au petit Savoyard d'Al. de Guiraud, et à la misère des bons Savoisiens, — car il n'y a plus de Savoyards.

Saint-Jean de Maurienne, encadrée entre deux montagnes, n'a rien d'une ville épiscopale. Sa Cathédrale ne vaut point la moindre de nos églises Bretonnes, avec leurs clochers à jour. Mais où vivent les brebis vit aussi le Pasteur, et où il y a du bien à faire un Pontife est toujours à sa place.

Après avoir traversé les cinq tunnels des *Sorderettes*, pour ne parler que des principaux, nous arrivons à la frontière.

DE MODANE A TURIN

18 avril.

Nous sommes à Modane, pittoresquement située au pied de monts escarpés que couronnent les glaciers de Polesset. Nous apercevons, à notre entrée en gare, ici nos bons douaniers Français, là les douaniers italiens dont je remarque la lourde casquette. Ces derniers procèdent à la visite obligatoire de nos colis; nous nous dirigeons vers le buffet où déjà l'on constate que l'art de Vatel ne se garantit pas assez contre toute promiscuité avec la cuisine italienne. Ne nous plaignons pas trop. Nous en verrons bien d'autres... pour notre argent.

Dans la salle à manger, on distingue deux pendules qui ne sont pas d'accord; au premier abord, rien d'étonnant, car les montres et horloges marchent rarement avec régularité, mais on lit sur les cadrans, que l'une marque l'heure de Paris, l'autre celle de Rome, la seconde en avance sur la première de 47 minutes.

Le repas est vite achevé; la table d'hôte n'a que des charmes très-courts. Il nous faut prendre nos billets pour Turin, trait d'union entre les billets circulaires qui nous seront délivrés dans cette ville et nos bulletins de Pèlerinage. En route! deux locomotives de haute puissance remorquent le train qui s'ébranle. Quittons la vallée de l'Arc pour remonter celle du Rieux-Roux; la ligne ferrée décrit une grande courbe autour de Modane qui disparait à nos pieds. L'aspect dont on jouit est plein d'une sublime horreur. Nous traversons une galerie voûtée de 30 mêtres, puis le souterrain du *Replat* qui a 172 mètres. A 1/2 kilomètre de là, nous nous engageons dans le tunnel dit du Mont-Cenis, probablement parce qu'il passe à 27 kilomètres à l'ouest de cette montagne. En France, la plupart des noms sont donnés avec une remarquable inexactitude.

L'impression est très-grande parmi les Pèlerins, impression d'étonnement et d'appréhension. On admire le génie de l'homme dans une de ses œuvres les plus hardies, mais cette admiration, loin d'élever l'orgueil humain, porte à la prière. Qu'arriverait-il si le moindre éboulement, le moindre accident se produisait? Nous sommes sous la montagne, l'obscurité serait complète sans les lampes fumeuses de nos wagons ; la température monte de plusieurs degrés, nous n'entendons que le souffle monotone de la machine, le bruit du train gravissant péniblement la pente et, parfois, le sifflement aigu des prises d'air qui sont pratiquées de distance en distance. Le tunnel a 12,223 mèt. 50^c^ à l'orifice Français et est à 1,158 mèt. 96^c^ d'altitude, il remonte une pente de 22 millimètres par mètre sur une longueur de 6,273 mètres, puis il descend avec une pente de 5 millimètres par mètre jusqu'à l'extrémité opposée qui se trouve à 1,291 mètres 52^c^ au-dessus du niveau de la mer. Soit une différence de 132 mètres comme niveau entre les deux orifices.

Le train accentue son allure, la lumière commence à paraître. Voici le jour. Notre trajet souterrain a duré 30 minutes. Les Alpes se dressent majestueuses; nous descendons rapidement dans la vallée de *Bardonnèche*, la première station au-delà de la frontière, et qui n'est distante du tunnel que de 500 mètres.

Il neige avec abondance.

Nous ne sommes qu'en Piémont ; le beau ciel d'Italie n'a pas été compris dans l'unification péninsulaire. De Bardonnèche à Oulx le pays est aride : montagnes où le noir des sapins se détache sur un fond de neige. Mentionnons à Oulx la présence en gare de deux gendarmes de Victor-Emmanuel, je les ai pris pour des employés des pompes funèbres. Nous poursuivons notre voyage et nous ne nous lassons pas de regarder ces ravins rejoints par des tunnels, ces cascades descendant du flanc des montagnes où sont perchés des villages ; voici Suse dans le bas, bien bas de la vallée, au-dessous de nous ; voilà sur la pointe du mont Picchiriano le couvent de Saint-Michel. Mais la nuit est venue mettre trève à notre enthousiasme.

. . . .

Il est 9 heures 43 ; nous sommes à Turin.

TURIN

18 et 19 avril.

Après 30 heures de wagon, précédées de 12 et qui seront suivies de beaucoup d'autres, on aspire au repos. C'est donc avec empressement que nous défilons dans la cour de la gare. Mais nous avions compté sans les *facchini*, ou porte-faix. Ils se jettent sur nos bagages qui ne sont préservés que par notre *furia francese*. Nous sommes obligés de nous tenir sur une défensive pleine d'une fermeté qui déconcerte un peu les officieux piémontais.

A travers l'encombrement, nous réussissons à gagner des hôtels, pour la plupart situés auprès du chemin de fer. Les hôtels sont princiers, mais le prix est royal.

Le lendemain, 19 avril, nous nous levons de bon matin. Monseigneur David dit la Sainte-Messe à la chapelle du Saint-Suaire. Cette chapelle, sorte d'église à part dans la Cathédrale, est certainement le plus remarquable monument religieux de Turin qui compte 110 églises, — le nombre n'ajoute rien à la valeur artistique. — L'aspect de cette rotonde très-élevée, supportée par des colonnes de marbre noir poli enchâssées aux deux extrémités dans du bronze doré, est beau mais triste.

Sur l'autel de marbre noir, une châsse d'argent mise sous verre. C'est dans cette châsse que se trouve la relique du Saint-Suaire, apportée d'Orient par un seigneur de Charny au XIVe siècle dans une église de la Champagne. Marguerite de Charny la donna vers le milieu du XVe siècle à Louis de Savoie qui la déposa à Chambéry. En 1578, sur l'ordre de Philibert-Emmanuel, la précieuse relique fut transportée solennellement à Turin, afin d'épargner les fatigues du voyage à saint Charles-Borromée, parti un bourdon à la main, pour aller faire un pèlerinage au Saint-Suaire.

Nous espérions pouvoir contempler ce morceau vénérable du linceul du Sauveur, mais cette faveur n'est réservée qu'aux Princes dans la *libérale et démocratique* Italie.

Avant de quitter la Chapelle nous jetons un coup d'œil sur les tombeaux de cinq membres de la Maison de Savoie, dont la reine Marie-Adélaïde, femme de Victor-Emmanuel, morte en 1855, — c'est-à-dire dans la fidélité à l'Église.

A 9 heures, nous partions pour Milan. C'est avouer que nous n'avons fait que traverser Turin, où nous repasserons au retour. L'ancienne capitale du Piémont est régulièrement bâtie, bien percée, elle possède quelques édifices aussi peu remarquables que ses palais aujourd'hui devenus des immeubles sans destination, et c'est tout. Turin n'a plus de passé et a encore moins d'avenir. On ne retourne pas l'histoire d'un peuple comme un gant de peau... de Turin.

Je ne parle pas des musées que je n'ai pas eu le temps de voir et qui n'ont, du reste, qu'une valeur secondaire, mais je dois mentionner, sur l'avis d'un homme compétent, la superbe collection d'armes qui mérite certes la visite des amateurs.

DE TURIN A MILAN

19 avril.

Nous prenons à la gare nos billets circulaires. Nous avons déjà fait connaissance avec le papier-monnaie italien — plus sale que commode, — on nous a appelé *signor* et même *Excellenza* autant de fois que nous avons donné 50 centimes ou 1 franc à quelques *facchini* dont l'obséquiosité nous avait vaincu.

Le chef de train a reconnu notre qualité de *pelegrini*, et nous avons la satisfaction de pouvoir nous caser dans des wagons réservés.

La campagne des environs de Turin n'a pas un aspect très-gai, mais bientôt le paysage s'animera. Dès Torazza, San-Germano et surtout depuis Verceil nous jouissons très-bien sur notre gauche de la vue du Mont-Rose, en traversant une plaine couverte de rizzières que nous prenons d'abord pour des marais.

Voici Novare avec la tour ronde à galeries de l'église San-Gaudenzio, tour qui domine la ville et qui s'impose à l'attention du voyageur. Novare, c'est là que le vieux feld-maréchal autrichien Radetzki infligea en 1849 une éclatante défaite au roi de Piémont, Charles-Albert.

Plus loin, voici Magenta !

Des croix placées au-dessous du remblai de la voie ferrée, un monument en forme de cône tronqué rappellent, en protégeant la dernière demeure de nos soldats tombés en ce jour de triomphe, la célèbre victoire remportée le 4 juin 1859 par l'armée Française sur les Autrichiens.

Qui eût dit que les vaincus de Novare oublieraient, jusqu'à tourner la reconnaissance en haine, les vainqueurs de Magenta? Qui eût dit que la France connaîtrait, elle aussi, hélas! des revers comme ceux dont le héros d'Italie fut le témoin sanglant et glorieux!

Nous récitons un *De Profundis* pour nos chers morts, et déjà nous sommes loin de ces lieux où la valeur de Mac-Mahon ajouta un illustre fleuron aux fastes militaires de la France.

A midi 55, nous sommes à Milan. Le voyage a été court, et très-agréable.

Gare aux *facchini*, car ici comme a Turin, il faut défendre sa valise, et ne se séparer sous aucun prétexte de ses bagages.

Dinons à la hâte; notre Evêque, aussi infatigable dans ses forces physiques que dans son extrême bienveillance, nous a convoqués pour 2 h. à la Cathédrale. Et l'heure épiscopale vaut bien comme précision l'heure militaire.

MILAN

19 avril.

On appelait Milan au moyen-âge « une seconde Rome » ce qui témoigne que, dès ce temps-là, la capitale de la Lombardie était arrivée à un haut degré de splendeur, et exerçait la prépondérance sur les autres cités de l'Italie du Nord. Aujourd'hui, Milan n'est plus qu'une préfecture, mais elle a conservé son caractère religieux et artistique.

De tous les monuments de Milan, le plus beau assurément est la Cathédrale, sur le frontispice de laquelle je lis cette inscription : *Mariæ nascenti*, à la Vierge naissante. Le Dôme n'est pas un chef-d'œuvre au point de vue de l'art, car il est d'un style mélangé où la Renaissance coudoie le gothique qui prédomine. Comme pureté et unité de genre, il y aurait donc beaucoup à reprendre, et cela se conçoit quand on songe que, commencé en 1386, le Dôme a été l'objet des travaux de quatre siècles. Il faut surtout admirer, en négligeant le disparate de l'ensemble, la richesse des détails.

Nous sommes trop prudent pour ne pas redouter la description, même sommaire, de cet immense vaisseau de marbre blanc dont la longueur est de 148 mètres 10c. La largeur des cinq nefs est de 75mètres; du transept avec les chapelles, de 87 m.; la hauteur de la grande nef est de 46 m. et la largeur de 19 mètres. La superficie est de 8,592 mètres carrés.

Il faut faire l'ascension du Dôme (494 marches), pour apprécier le luxe de l'œuvre, les richesses artistiques semées à profusion sur cet édifice qui a un caractère très-imposant. L'œil se perd d'abord à travers cette forêt d'aiguilles surmontée de 6,000 statues, — et le plan n'est pas encore rempli, — mais peu à peu il s'oriente à travers ces terrasses, qui, — une fois terminées, — seront au nombre de 135, et il se fixe sur la pyramide centrale de laquelle s'élève toute la hiérarchie céleste conduite par la Très-Sainte Vierge. Une colossale statue de la Mère de Dieu, est posée au sommet de la grande aiguille, à 109 mètres au-dessus du sol de la place qui s'étend au pied de l'édifice.

Je ne fais point d'enthousiasme de parti-pris, et mon humeur indépendante me porte peu à admettre de confiance et sans contrôle toutes les notes des guides. Ceux-ci mentionnent comme remarquable la statue d'Adam, personne n'a donc fait l'observation qu'un prêtre formule derrière moi : La bèche sur laquelle s'appuie notre premier père courbé par le remords et la fatigue mériterait d'être primée dans nos concours agricoles. Or, il est permis de supposer qu'Adam, à sa sortie du Paradis terrestre, ne trouva pas sous la main des outils perfectionnés.

De la statue d'Eve, je ne dirai rien. A quoi bon jeter la pomme à la mère de tous nos maux ! Il a fallu le sang d'un Dieu et les larmes de la Vierge Immaculée pour laver la faute de la première femme. Nous ne trouvons pas Eve assez triste dans sa beauté, empreinte de plus d'étourderie que de repentir.

Du haut de la pyramide centrale, quand on est parvenu à détacher ses regards de cette merveille de l'architecture qui s'appelle le *Dôme*, on contemple un magnifique et indescriptible panorama. A nos pieds, les plantureuses plaines de la Lombardie; devant nous le Mont-Blanc, le Mont-Rose, les chaînes de l'Oberland, la Chartreuse de Pavie, le couvent le plus somptueux de l'Italie et qui est un chef-d'œuvre de la Renaissance.

L'intérieur du Dôme est digne de l'extérieur.

Il faut noter d'abord, en entrant dans la Cathédrale, les deux gigantesques statues de saint Charles et de saint Ambroise; la cuve de porphyre faisant fonctions de fonts baptismaux; les deux ambons en bronze doré couverts de bas-reliefs et entourant les deux forts piliers qui portent la coupole, le candélabre à sept branches surnommé l'*Arbre de la Vierge*; la statue de saint Barthélemy écorché, d'un réalisme aussi saisissant qu'orgueilleuse est l'inscription de son socle :

NON ME PRAXITELES,
SED MARCUS FINXIT AGRATES.

CE N'EST POINT PRAXITÈLE,
MAIS MARCUS AGRATI QUI ME FIT.

Indiquons aussi le très-riche tabernacle du maître-autel, qui est surmonté du reliquaire renfermant le clou de la vraie Croix que saint Charles Borromée fit en 1576 promener dans Milan pour en chasser la peste. Tous les ans, la procession du 3 mai est présidée par l'archevêque de l'antique cité et suivie par une foule considérable.

Les vitraux qui comprennent, rien que dans le chœur, 350 sujets divers, produisent un effet puissant en éclairant d'une demi-lumière les statues, les tableaux et les bas-reliefs de la Cathédrale. Les verrières de la façade sont modernes et contiennent des personnages à grandes dimensions. Cela choque le goût et nuit à l'effet. On peut juger, nous disait Monseigneur David, de la valeur et de l'ancienneté des vitraux à la grandeur des sujets qui y sont représentés.

La voûte du Dôme semble d'abord une dentelle de pierre, mais avec un peu d'attention, on s'aperçoit qu'on n'a devant soi que des décors peints. Le trompe-l'œil est démasqué par les infiltrations qui l'ont altéré en quelques endroits. J'aime mieux le pavé en mosaïque, d'après le dessin de Pellegrini. La Cathédrale de Milan a absorbé le génie d'une innombrable pléiade d'artistes, et il m'est doux de citer entre tous les collaborateurs de cette œuvre grandiose les noms de trois Français : Nicolas Bonaventure, Mignot et Jean Campanios auxquels est dû le chœur, c'est-à-dire la partie la plus remarquable du monument.

Mais je m'arrête. Qu'ai-je fait? J'ai transcrit mes notes écrites à la hâte contre un des piliers de l'édifice sacré. J'aurais dû me souvenir qu'avant de prendre mon carnet, je m'étais d'abord agenouillé dans cette Église antique, où repose le corps de saint Charles Borromée. Descendons dans la crypte. Le tombeau est une chapelle souterraine, éclairée par un soupirail et fermée par une grille artistement ouvragée. Sur l'autel se trouve un magnifique reliquaire en argent massif dont les bas-reliefs représentent la vie si admirable de sainteté du Patron de Milan. Les panneaux sont en cristal de roche, les moulures en vermeil. Le corps du Saint est là tout entier revêtu de ses habits pontificaux, et celui qui fut si humble dort au milieu de l'or et des pierreries que la piété du monde catholique a accumulés auprès de ses restes vénérés.

On estime cette châsse à 4 millions, mais la richesse matérielle passe inaperçue en présence de la richesse des vertus, dont saint Charles Borromée fut à la fois le dépositaire et le dispensateur.

La Cathédrale de Milan possède un Trésor d'un prix qui peut être évalué à neuf millions. Nous l'avons visité avant de partir. Nous avons remarqué plusieurs statues d'argent massif; (particulièrement, celles de saint Charles, saint Ambroise.

saint Sébastien, sainte Thècle), la croix, le livre, le calice, l'agrafe du manteau épiscopal et la crosse (argent massif) de saint Charles, les chandeliers de même métal, également massifs, et datant de la canonisation du Saint, un devant d'autel en argent massif, une Paix en or d'un travail exquis, une belle statue du Christ à la colonne.

Et maintenant après avoir encore une fois prié saint Charles, allons nous prosterner devant les reliques de S. Ambroise.

La vieille Église de San-Ambrogio réunit divers genres d'architecture par suite des modifications qu'elle a subies depuis sa fondation en 387 par le grand Saint dont elle porte le nom. Inscriptions, bas-reliefs, toutes des premiers siècles chrétiens, abondent dans cette basilique à trois nefs romanes avec voûtes ogivales. L'atrium, en briques, date du IXe siècle; L'église a trois portes dont l'une en bois de cyprès travaillé au IXe siècle. C'est de cette entrée que saint Ambroise repoussa l'empereur Théodose après le massacre de Thessalonique. C'est dans ce sanctuaire où nous prions que saint Augustin venait écouter saint Ambroise dont le siége archiépiscopal est derrière le maitre-autel. C'est là que le fils de sainte Monique abjura ses erreurs. Souvenirs pieux qui remuent le cœur dans ses plus intimes replis !

Comme l'on se sent petit auprès de ces docteurs illustres, de ces gloires de l'Église !

La basilique contient plusieurs belles mosaïques.

Le chaire est en marbre, supportée par huit arceaux, et forme un rectangle. C'est un monument du XIIe siècle composé avec des fragments datant du VIIIe. Les sculptures, notamment l'*agape*, donnant la disposition de la Cène, sont dignes d'être étudiées de près. Dans la nef du milieu s'élève une colonne de granit, selon les uns ; de porphyre, selon les autres, portant un serpent de bronze venant de Constantinople. Ce serpent, d'après une croyance populaire, serait celui qu'éleva Moïse et il doit siffler à la fin du monde. Monseigneur David a le soin d'ajouter que ce n'est point un article de foi. D'ici à la fin du monde, on peut attendre patiemment.

Le *paliotto*, c'est-à-dire le devant du maître-autel est une merveille d'orfèvrerie ; il est recouvert de plusieurs revêtements en bois fermés par de nombreuses serrures. Impossible de supporter l'éclat de toutes ces pierres précieuses scintillant à la lumière des bougies.

Six millions ! tel est le prix d'estimation approximative du paliotto, et je parle seulement de la valeur intrinsèque.

Nous avons tous hâte de pénétrer dans la crypte pour vénérer le corps de S. Ambroise, et ceux de SS. Gervais et Protais. Notre pieuse impatience est bientôt satisfaite. Dans une châsse en cristal, à double étage, sont déposés ces restes précieux : le corps de saint Ambroise au-dessus des corps des deux illustres Martyrs.

Il faut nous arracher, après une dernière prière, à ces lieux si augustes et si chers. Nous jetons un regard sur le couvent attenant à la basilique et qui est converti en hôpital militaire. Cette construction est de Bramante. Nous nous rendons ensuite à Santa Maria delle Grazie. Cette jolie église a des fresques un peu effacées de G. Ferrari.

Dans le réfectoire du couvent devenu une caserne, on voit encore les vestiges de la Cène par Léonard de Vinci. Nous ne demanderions pas mieux que de les visiter, mais nous avons à compter avec le mauvais vouloir des bersaglieri, et la touffe de plumes de coq qui ombrage le chapeau ciré de la sentinelle s'agite négativement.

Nous allons à la galerie Victor-Emmanuel que l'on vante beaucoup et qui est dépourvue, à mon avis, de toute élégance; je préfère nos jolis passages parisiens.

Il ne nous est pas possible de visiter les musées et collections et la superbe bibliothèque ambrosienne composée de 60,000 volumes.

Dans les jardins et dans les rues on nous regarde avec un sympathique empressement ; le costume des Religieuses de notre diocèse obtient un vrai succès; nous allons sur la place de la Scala admirer la statue en marbre de Magni, représentant Léonard de Vinci entouré de ses élèves. Plus loin, nous apercevons, sans la chercher, celle de Cavour, qui a l'air d'être au pilori. Justice posthume!

Plusieurs d'entre nous vont visiter le cimetière monumental, et tous, ayant bien rempli notre journée, nous regagnons nos hôtels où un repas par trop italien nous attend, traduisez : où nous attendons un repas par trop italien. Les garçons graves et lents à rendre des points à Calino, sont en habit noir et cravate blanche; ils ont l'air de porter le deuil de notre estomac.

L'albergo (hôtel de Florence), où je suis descendu avec un grand nombre de pèlerins, est tout près de la gare; nous pouvons dormir tranquilles, si toutefois le permettent les chanteurs ambulants. Demain nous serons des premiers à faire viser nos billets pour Padoue.

DE MILAN A VENISE

20 avril.

A cinq heures du matin, nous partons pour Venise. Comme nous n'écrivons pas un guide, il nous suffira de dire que nous traversons un pays superbe et pittoresque, de Brescia à Vérone surtout. Nous longeons les montagnes à une petite distance. Nous passons à Lonato, ville qui rappelle les victoires des Français en 1796, et voisine de Castiglione, également illustre dans l'histoire par les exploits de nos soldats; près de Desenzano, situé non loin du glorieux champ de bataille de Solferino, nous franchissons sur un viaduc long de 400 mètres, le Mincio, à sa sortie du lac de Garde.

Voici Peschiera, l'un des points fortifiés du fameux quadrilatère autrichien.

A droite de la voie ferrée, notre œil se perd dans une plaine immense; à gauche il est charmé par la vue de montagnes blanches de neige et au pied desquelles s'étend le lac de Garde, tout garni de coquettes villas le long de ses bords, de jolis bateaux à vapeur et d'embarcations légères sur ses eaux pures et tranquilles. Le lac de Garde, élevé de près de 100 mètres au-dessus de l'Adriatique, est d'une profondeur de plus de 300 mètres en certains endroits ; il a 16 kilomètres de large vers la presqu'île Sermione, et une longueur de 60 kilomètres de Peschiera, son point extrême au sud, à Riva où il se termine au nord.

A Vérone, ville fortifiée, riche en souvenirs historiques et notamment célèbre par le Congrès qui y tint ses assises en 1822, nous nous arrêtons quelques minutes en gare *Porta nuova*. La cité a belle apparence avec ses 50 églises, et l'on sent bien que les Italiens n'auraient jamais possédé les fortifications solides et bien conçues qui entourent et dominent Vérone s'ils avaient dû les prendre.

Le train se remet en marche, franchit la gare dite *Véronette*, et traverse l'Adige. Depuis San-Martino, chaque nom de gare évoque un souvenir glorieux pour la France : Caldiero, San-Bonifacio, à 4 kilomètres d'Arcole, Vicence, avec son sanctuaire de la *Madona del Monte Berrico*.

Nous faisons en 50 minutes 30 kilomètres à travers un pays fertile rempli d'élégantes habitations, et nous sommes à Padoue, à une heure de l'après-midi.

PADOUE

20 avril.

C'est dans cette ville surtout que nous pouvons apprécier les rigueurs de la cuisine italienne. Ce serait à croire à une conspiration culinaire, tant les mets sont détestables. On nous sert un petit poisson à grosse tête qui restera célèbre dans la mémoire des Pèlerins. Hâtons-nous de sortir de l'*albergo*, en Français, *gargote*.

La population de Padoue a l'air misérable et peu honnête; ses convoitises se traduisent par une curiosité un peu gênante, mais inoffensive.

Notre séjour à Padoue doit être court. Il faut donc borner notre désir de tout voir. Nous courons à la belle et vaste église Saint-Antoine qui, avec ses sept coupoles, date du XIIIe siècle. De nombreux *ex-voto* décorent la chapelle où repose le corps du Saint. La façade de cette chapelle, dont la voûte est dorée et en marbre vert, se compose de cinq arceaux sur quatre colonnes et deux pilastres richement sculptés. Au-dessus, une rangée de niches garnies de statues. Nous avons remarqué les statues en bronze de saint Antoine, saint Bonaventure, saint Louis, évêque de Toulouse, les candélabres en argent portés par des groupes d'anges, les hauts-reliefs en marbre de Carrare et qui rappellent les miracles du Saint devant le tombeau duquel nous nous agenouillons avec ferveur.

Nous ne pouvons, à notre grand regret, que jeter un coup d'œil rapide sur les autres chapelles.

Entrons dans le chœur dont une main obligeante nous ouvre les magnifiques portes de bronze de C. Mazza. De superbes bas-reliefs, de belles statues par Aspetti et Campagna, le candélabre pour le cierge pascal fixent notre attention.

Dans le *Santuario delle reliquie* nous vénérons des reliques précieuses parmi lesquelles : la langue de saint Antoine, très-bien conservée, des cheveux de la Très-Sainte-Vierge.

Le trésor contient de splendides pièces d'orfévrerie et les reliquaires sont d'un travail très-curieux.

La sacristie, dont les voûtes furent peintes à fresques par P. Liberi, est surtout digne de mention pour les marqueteries des armoires.

Le cloître avec ses fresques de Titien et de l'école de ce maître mériterait, certes, de nous arrêter longtemps, mais si la sagesse des nations dit qu'il faut savoir se contenter de peu, à plus forte raison doit-on se contenter de beaucoup.

Nous allons avant de quitter Padoue visiter l'église de Santa Maria dell'Arena. Fondée sur une *arena* ou ancien amphithéâtre, cette chapelle n'est plus livrée au Culte, on y pénètre par une cour particulière.

Santa Maria dell'Arena est un bijou de l'art italien. Quelles fresques de Giotto.

s'inspirant du Nouveau-Testament ! Il aurait été intéressant de comparer la Cène par Giotto à celle de Léonard de Vinci.

Sur le soubassement l'artiste a figuré, avec une énergie remarquable d'expression dans les allégories, les vices et les vertus peints en grisaille : les vertus sont représentées par les femmes, les vices par les hommes. Mes lectrices proclameront, sans doute, le galant Giotto le premier des peintres.

Au-dessus de la porte de sortie est le Jugement dernier, fresque justement célèbre, mais très-dégradée. Giotto faisait pâle, les teintes un peu effacées allaient à son genre calme et simple, or Giotto, né en 1276, embellissait l'église de Santa Maria dell'Arena en 1304. Il y a longtemps déjà. Les vers de son hôte et ami, et peut-être de son conseiller artistique Dante Alighieri n'ont pas vieilli ; le grand poète durera plus que le grand peintre : *Major picturâ poësis.*

DE PADOUE A VENISE

20 avril.

A 7 heures du soir, nous partons pour Venise dont 37 kilomètres nous séparent. Trois stations et nous sommes à Mestre.

Après un arrêt de quelques minutes, le train se remet en marche, et longe au sud le fort de Malghera.

Trois kilomètres plus loin, nous nous engageons sur le viaduc de 222 arches qui relie Venise à la terre ferme. Ce pont gigantesque, commencé en 1841 et achevé quatre années plus tard, a 3,603 mètres de long et environ 4 mètres de haut.

Le soleil couchant rougit de ses derniers rayons les eaux de la lagune, sur lesquelles la lune jette déjà sa lumière indécise, le vent de mer nous envoie son souffle frais et pur. Nous n'avons pas le temps de contempler l'admirable paysage qui se déroule sous nos yeux : voici

Venise. Nous entrons en gare; les gondoles sont là pour remplacer les omnibus avec avantage.

VENISE

20, 21 et 22 avril.

Venezia la bella ! Ce nom est gracieux comme la chose. Que de souvenirs de suprématie guerrière, de prospérité maritime et commerciale, de splendeur artistique, contient ce mot : Venise !

On dirait que Dieu a voulu semer sur les 117 ilots dispersés dans l'estuaire de l'Adriatique les plus séduisants attraits. Venise est un joyau enchâssé dans de petits tas de boue, mais la boue ne se voit pas, et la perle des mers rayonne sur ces rivages si doux où l'azur d'un ciel clément se mire dans des flots bleus.

Un essaim de gondoles quitte en même temps le quai. Il faut manger, même à Venise. L'homme est ange et bête. Eh bien mangeons vite ; ne laissons pas l'estomac faire tort aux yeux.

L'hôtel du *Vapeur* où je descends avec quelques amis et compagnons du Pèlerinage, est tenu par un Français qui est venu à notre rencontre jusqu'à Mestre. L'albergo est propret ; le maître en est avenant bien que sa barbe républicaine me semble dater de 1851, époque où pour des raisons, peut-être politiques, il quitta la France. La table d'hôte est satisfaisante, mais on dine trop lentement à notre gré. Nous abrégeons le repas et, en guise de dessert, nous allons visiter la place Saint-Marc, qui a quelque ressemblance avec le Palais-Royal. Hâtons-nous de dire, car il faut être toujours vrai, que la comparaison tourne contre notre édifice parisien. A demain matin l'étude des monuments. Il est 10 heures du soir, et je me croirais déshonoré si je n'achevais ma journée, au risque d'écourter ma nuit, par un voyage en gondole. On me prévient que je m'expose à quelque rhumatisme articulaire, et l'on ajoute qu'il serait sage de faire l'excursion projetée par un beau soleil.

Le soleil, s'il plaît à Dieu, luira demain et nous verrons Venise aux premiers feux du jour, mais la lune brille ce soir, et s'il ne faut jamais renvoyer les affaires sérieuses, pourquoi n'agirait-on pas de même lorsqu'il s'agit du plaisir de voguer en gondole le long de ces rues étranges, sous les ponts du Rialto et des Soupirs, sur le grand canal, devant la piazzetta qui a pour ceinture le splendide palais des Doges? Rhumatisme articulaire j'aurai ou je n'aurai pas.

Nous voilà embarqués. La silhouette des nochers se projette ainsi qu'une ombre légère sur l'eau qui s'entrouvre doucement devant notre gondole, glissant comme une anguille au détour de ces rues étranges dont notre pilote signale chaque coin par un cri d'alerte, n'ayant qu'un rapport, — si rapport il y a, — bien éloigné avec les vers du Tasse. Point de tangage, point de roulis. On dirait le mouvement régulier du berceau qu'une mère agite avec amour pour endormir son enfant. Nous sommes ravis ; nous voilà dans le grand canal.

Oh ! quel spectacle que celui de Venise par une belle nuit d'avril ! Comment retracer avec la plume d'un journaliste ce tableau que ne pourrait rendre le pinceau du plus grand maitre ! Voyez ces palais superbes se mirant dans l'onde et y renvoyant, avec des scintillements impossibles à décrire, les feux de leurs colonnades. On dirait, tant l'illusion est forte, que sous le flot du grand canal il y a une ville illuminée, on est tenté de demander aux gondoliers de passer sous ces arcades de lumière qui se projettent perpendiculairement dans l'eau.

Il est 11 heures 1/2, nous sommes au pied du palais Spada où l'on fait d'excellente musique, peut-être pas à notre intention ; prenons-en néanmoins notre part.

Mais qu'entends-je ? Les cloches sonnent un joyeux carillon. C'est le couvre-feu.

Il est minuit.

Cet appel au recueillement est plein de religieuse poésie par ce beau clair de lune enveloppant de sa lueur douce et tremblotante Venise en sommeil, et mêlant le ciel, la terre et l'eau dans un voile d'argent ! Le carillon de Venise résonnera longtemps à mon oreille, car mon cœur l'entendra toujours.

Nous rentrons ; il est une heure du matin. Je ne sens aucun symptôme de rhumatisme, le lit de l'albergo *al Vapore*, me semble parfait, et je m'endors.

A quoi bon rêver puisqu'aucun rêve n'égalera la réalité qui vient de finir avec notre prière !

A TRAVERS VENISE

21 avril.

A 7 heures, Messe de Monseigneur à la Cathédrale où nous reviendrons dans la journée pour en admirer les beautés.

A 8 heures, Monseigneur visite le Campanile ; le troupeau suit son Pasteur. Cette tour, terminée par une flèche courte et lourde, surmontée d'un ange, a 98 m. 60 c. de hauteur. On y monte par un plan incliné, avec une seule marche à chaque tournant. De la galerie, on aperçoit à ses pieds la piazzetta et la place St-Marc (le Campanile est à la rencontre de ces deux places), Venise et diverses annexes situées dans les lagunes, notamment Murano, célèbre fabrique de glaces dirigée par un Français. D'un côté s'étend la mer qui vient mourir devant le Lido, de l'autre la chaîne des Alpes. Où trouver un horizon plus pittoresque?

La place Saint-Marc, sur laquelle se dresse le Campanile, a quelque analogie avec notre Palais-Royal, mais au lieu du sable d'un jardin nous foulons ici des dalles de marbre blanc d'Istrie et de trachite. Entourée sur trois côtés de superbes constructions à arcades (les *procuratie vecchie* et *nuove*, le Palais-Royal, etc.), elle est bordée par la Cathédrale dont les coupoles semblent toucher à terre vues de l'extrémité de la place (piazza).

La basilique n'est pas en harmonie avec les constructions qui l'entourent. L'œil est choqué de ce défaut de proportion.

Au bas du Campanile se trouve la *loggetta*, petit édifice carré, revêtu de marbres, de bronzes et de statues.

Devant la façade de Saint-Marc, nous remarquons rangés en ligne, trois *piliers* de bronze sculptés par Leopardo. Ce sont les piédestaux des trois mâts peints en rouge où l'on arborait jadis les étendards de la République. Ces mâts attestaient la suzeraineté sur Chypre, sur Candie et sur la Morée. L'un d'eux manquait à son socle pour cause de réparation. Qui réparera la grandeur passée de Venise avec ses 300 navires de guerre montés par 36,000 marins?

La piazzetta (petite place) prolongement de la place Saint-Marc, est bordée à l'est par le Palais Ducal, à l'ouest par le palais de la *libreria vecchia* (ancienne bibliothèque), d'un genre plus élégant que correct, et par la Zecca ou monnaie.

Que d'échos résonneraient sous ces arcades doriques si elles pouvaient parler! Sculptures de Vittoria, peintures de Titien, de P. Veronèse, pour ne citer que des maîtres, abondent à la *libreria vecchia*, mais continuons notre promenade jusqu'au môle. Deux colonnes de granit s'élèvent devant le quai. L'une d'elles porte sur son chapiteau la statue de saint Georges, patron de la République, debout sur un crocodile ; sur l'autre, repose le lion ailé de saint Marc, protecteur de Venise ; ce symbole a une forte odeur de paganisme. C'est à cette colonne que le conseil des Dix faisait accrocher les cadavres des criminels d'État qui se seraient plaints volontiers d'avoir la part du lion.

Pénétrons au Palais-Ducal par la porte *della Carta*, voisine de la Basilique et de la pierre des proclamations *pietro del bando*.

L'ancien palais des Doges ne peut se comparer à aucun autre ; il est d'une originalité grandiose et coquette à la fois, avec ses doubles rangées de galeries mauresques supportant une lourde muraille de marbre. Cela s'écarte des règles, cela n'est pas d'un style déterminé, mais si tous les genres sont bons, hors le genre ennuyeux, le genre charmant est excellent, et le Palais-Ducal ravit autant qu'il étonne.

Il n'a pas l'aspect sévère de son ancienne destination ce vieux monument si riche dans ses détails avec ses mosaïques de marbre blanc et rouge, sa corniche gothique-byzantine découpée à jour, ses clochetons encadrant si gracieusement les angles.

En entrant dans le Palais-Ducal nous apercevons, au milieu de la cour, les margelles en bronze de deux citernes, ouvrages originaux autant qu'estimés. Sans nous arrêter aux statues, particulièrement à celles qui décorent les façades intérieures, gravissons l'escalier des géants, aux marbres très-précieux et très-bien travaillés. Je cherche, sans le trouver, le pourquoi de ce nom : *escalier des géants*, car, quatre à quatre, je franchis les marches sans me fatiguer, et, ceci soit dit en toute humilité, je n'ai pas des jambes à dimensions gigantesques. Jadis sur le palier de cet escalier avait lieu le couronnement du doge après que ce dernier avait entendu la Messe à l'église Saint-Marc et fait le tour de la piazza porté par les marins porteurs, *arsenalloti*.

Nous voici dans la première galerie ; montons l'escalier d'or, *scala d'oro*, et qui mérite bien son appellation, par l'admirable somptuosité de ses décorations. Remarque : Quand on est à la marche supérieure, en jetant un regard à ses pieds, on ne distingue plus aucun des degrés de l'escalier, tant la régularité du plan est rigoureuse dans ses proportions. On dirait qu'on a devant soi une table en marbre inclinée.

Du vestibule, où nous acquittons les droits d'entrée, nous passons successivement dans les salles du vaste et bel édifice dont le luxe étincelant contraste avec les souvenirs, parfois si sombres, que ces lieux historiques évoquent.

Ne citons que les principales : la salle du Grand Conseil, où se trouvent les portraits de 76 doges ; à l'endroit où aurait dù figurer Marino Faliero, est un tableau noir avec cette inscription : *Hic est locus Marini Falelthri, decapitati pro criminibus, ici est la place de Marino Faliero décapité en punition de ses crimes*; la salle du Scrutin; la bibliothèque de Saint-Marc, dont le véritable fondateur est le cardinal Bessarion et qui compte 120,000 volumes. et de nombreuses curiosités bibliographiques (entr'autres la Version des Septante, la Vulgate, et un Evangéliaire du IXe siècle ; un fragment de l'Ancien Testament du VIIIe siècle, un Psautier du Xe siècle, etc.); la salle della Bussola, ainsi nommée à cause d'un tambour qui couvrait une porte. A l'extérieur s'ouvrait la gueule de lion où l'on glissait les dénonciations secrètes. Que de malheureux ont tremblé là en attendant leur sort ! Ils étaient dans l'antichambre de la salle du Conseil des Dix, d'où ils sortaient pour aller soit à la mort, soit aux plombs ou aux puits, soit, — le cas était plus rare, — pour être rendus à la liberté. Citons encore la salle du Conseil des Dix, qui est superbe, et celle *dei capi*, chefs du Conseil des dix: la salle des 4 portes, la chapelle du Doge. la salle du Sénat, etc., etc.

Toutes ces salles, voûtes et côtés, sont ornées de magnifiques peintures consacrées à la gloire de Venise. Ici, c'est Titien, le chef incontesté de l'école vénitienne; là c'est P. Véronèse, avec la prodigieuse richesse de son coloris; le Tintoret, aussi sombre dans ses tons que son émule est brillant et qui, à en juger par le nombre de ses productions, fut souvent l'éditeur responsable de son école. Cette fécondité n'a rien ajouté à la réputation méritée d'ailleurs de cet artiste.

Tintoretto, le fils de Tintoret, Palma-le-Jeune, et une foule de peintres ont également leur part dans notre admiration.

On ne visite plus les plombs *(piombi)*, ainsi appelés parce que ces cachots étaient placés sous la toiture du Palais recouverte de plomb. Ils n'existent plus, pas même comme vestige.

Quant aux puits *(pozzi)* prisons sombres, et humides, où l'on descend par un escalier à l'aspect lugubre, ils sont encore intacts. Nous voyons le lieu où se faisaient les exécutions et les trois trous circulaires par où le sang des suppliciés coulait dans le canal. Remontons bien vite. Il fait froid dans ces abîmes arrosés de tant de larmes et qui ont étouffé tant de sanglots.

Nous sortons du Palais-Ducal. et nous nous rendons à la Basilique.

La façade du péristyle, percée de cinq portes à arcades que surmontent cinq arceaux en forme de diadèmes séparés par des clochetons, est garnie de nombreuses mosaïques relatives à saint Marc.

Les chevaux de bronze, dits chevaux de Néron et qui ornèrent dans Rome avilie l'arc de triomphe de ce monstre, constituent, on en conviendra, un singulier ornement au frontispice du monument religieux.

Le péristyle et la Basilique sont couverts de mosaiques byzantines dont plusieurs sont très-antiques. Elles représentent ici Notre-Seigneur Jésus-Christ assis entre la Vierge et saint Marc, là des faits tirés de l'Apocalypse, etc., etc.; au-dessus de la porte d'entrée, saint Marc en habits pontificaux, en face le Crucifiement et l'inhumation de Notre-Seigneur, puis les Évangélistes, les Prophètes, les Anges et les Docteurs.

Les portes de l'Eglise sont d'un très-beau travail marqueté d'argent : celle de droite, avec inscriptions grecques, fut, en 1203, enlevée de Sainte-Sophie, de Constantinople.

Le Baptistère, établi dans une portion du péristyle, est digne de mention.

Les chapelles sont remarquables, mais il faut bien renoncer à cataloguer tant de richesses. Le regard est ébloui par cette profusion de dorures, de bronzes, de marbres orientaux, de mosaïques; ces dernières couvrent environ 40.000 pieds carrés de murailles.

Le chœur, qui est à droite de l'autel de la Madone (où nous nous agenouillons aux pieds de la « bonne Vierge »), a très-bel aspect. Sur les deux côtés de l'entrée, deux chaires de marbre soutenues par des colonnes; c'est sur la chaire de droite que le doge se présentait au peuple pour le haranguer.

Dans l'intérieur de l'autel, dressé sur un baldaquin que supportent quatre colonnes de marbre grec, repose le corps de saint Marc; on comprend avec quel respect nous prions à côté des reliques de l'Évangéliste.

Monseigneur David a forcé la consigne sévère, et l'on découvre aux regards des Pèlerins la *pala d'oro*, rétable byzantin fait à Constantinople en 976, et qui est plus riche encore que le *paliotto* de San-Ambrogio, à Milan. Si le bas-empire n'avait produit que des travaux de ce genre, son nom serait entouré de plus d'estime que celle dont il jouit. Impossible de se faire, sans l'avoir vu, une idée de cette peinture en émail sur lame d'argent et d'or ornée de ciselures, perles, camées, pierres précieuses; et l'on peut encore moins la décrire sur un examen sommaire.

Les quatre colonnes torses de marbre translucide qui sont derrière le maître-autel ont-elles appartenu au temple de Salomon? Je l'ignore, mais elles étaient assurément dignes d'y figurer. En promenant une bougie le long de leurs flancs cannelés, on obtient des effets de transparence excessivement curieux.

La sacristie est belle, moins cependant que la porte de bronze qui y donne accès. C'est, sans doute, parce qu'il trouvait son travail réussi, que l'auteur, J. Sansovino, a sculpté parmi les têtes des Évangélistes et des Prophètes sa propre figure et celle de ses deux amis inséparables, Titien et l'Arétin. Les artistes italiens aimaient volontiers ces fantaisies aussi personnelles que déplacées.

Le Trésor de Saint-Marc était fort riche en objets orientaux qui furent dispersés en 1797. Nous y avons vu un siége épiscopal, datant du ve siècle, des calices avec pierres précieuses, une amphore de granit portant en caractères cunéiformes cette inscription : *Artaxerxès*, *grand roi*. Je ne cacherai pas l'étonnement que j'ai ressenti en apercevant dans le Trésor de la Basilique cette amphore qui n'a rien de sacré. En Italie, ces choses-là sont admises ; en France, elles scandaliseraient à bon droit, et l'on aurait repoussé avec dignité les présents d'Artaxerxès, mort ou vivant.

Nous sortons de la Basilique. La curieuse horloge qui, sur la piazza, fait face à la piazzetta, sonne deux heures. Nous entendons de toutes parts des crépitements d'ailes ; en un instant des nuées énormes de pigeons s'abattent et s'ébattent autour de nous, avec la familiarité d'un bon appétit.

De temps immémorial, les pigeons de Venise trouvent, à pareille heure, sur la place Saint-Marc, mains caressantes et grain abondant.

Auprès de la loggetta, dont j'ai parlé ci-dessus, des cris répétés se font entendre, on proclame les numéros gagnants à la loterie. Il y plus de pigeons ici que là : les premiers sont nourris et joyeux, les seconds sont plumés, et partant, très-tristes.

Il est temps de monter en gondole et de compléter ainsi de jour notre excursion de nuit. L'impression n'est plus la même, mais elle est bien agréable cependant.

Nous visitons les églises de San-Giorgio qui se détache sur un ciel d'azur avec sa blanche coupole, Santa Maria della Salute. érigée sur (1,200,000 pilotis), en actions de grâces, pour la cessation de la terrible peste de 1630 ; Santa Maria gloriosa dei Frari, construite en 1250 par les Frères Mineurs de l'ordre de Saint-François : Saint-Roch et la Confrérie du même nom.

Je suis contraint de couper dans mes notes, et de me borner à citer seulement les peintures du Tintoret, de Titien. de Palma, de Salviati, les statues dues au ciseau de Vittoria, les sculptures sur bois. notamment de Bellini, le maître du Titien. A Santa Maria dei Frari se trouvent plusieurs mausolées, parmi lesquels les tombeaux de Titien et de Canova et le remarquable monument gothique en terre cuite du bienheureux F. Pacifico.

A la Confrérie de Saint-Roch, citons comme se livrant face à face un assaut de gloire sur le palier du bel escalier qui conduit à la salle supérieure, l'Annonciation par Titien et la Visitation par le

Tintoret, dont le véritable chef-d'œuvre, le Crucifiement, commande plus loin notre admiration. On sent que les élèves n'ont pas gâté le coup de pinceau du maître. A titre de curiosités artistiques je signalerai la vie de saint Roch, sculptée sur poirier par Marchiori, et des caricatures sur noyer représentant tous les corps de métier.

Il ne faut pas que je néglige cette statue d'un seul bloc de noyer, et qui tient d'une main une tête environnée de rayons. Le guide nous crie : Voilà Robinson Crusoé arrêtant le soleil ! Je vous laisse à penser si nous rions en présence de cette assertion débitée et soutenue avec une apparente conviction. Et Josué choisi par Dieu a fait un miracle pour être confondu avec Robinson ! Ce que c'est que d'arrêter le soleil, on se perd dans la nuit des temps. Mais je soupçonne le guide d'une ignorance volontaire. Il voulait tout simplement faire une politesse à Robinson qui habitait une île. Les Vénitiens sont capables de tout, en matière d'inexactitude historique.

Et nous repartons en gondole, nous longeons tous ces palais de marbre dont plusieurs survivent à la grandeur des familles qui leur donnèrent le nom qu'ils portent. Nous accordons une attention spéciale à ceux de Monsieur le Comte de Chambord, qui autrefois habitait souvent Venise, avant l'invasion piémontaise. Le Chef de l'illustre Maison de Bourbon est aussi regretté qu'aimé et respecté de tous.

Après avoir vogué en tous sens dans le grand canal, les rues latérales, nous nous dirigeons vers les jardins publics; de là nous allons au Lido, longue digue de sable qui protége Venise à l'Est contre l'Adriatique. Le Lido est la station balnéaire de la cité des Doges; la vue de la grande mer venant baigner le seuil des cabines, est superbe; je n'en dirai pas autant des essais d'embellissement tentés dans l'île.

En rentrant nous allons visiter une fabrique de mosaïques et de verre filé. Mais comment quitter la gondole sans accorder une attention spéciale (parmi les 450 ponts qui relient entre elles les 2149 rues intérieures de Venise), aux ponts du Rialto et des Soupirs? Le premier jeté sur le grand canal a trois passages parallèles et est bordé dans sa voie principale par des boutiques. Il est remarquable par la hardiesse de sa construction. et nul ne passe sous sa large voûte sans être frappé de la sonorité de l'écho. Le second, dont le nom a une signification plus sombre que tendre, servait de communication entre le Palais et les prisons donnant sur le quai des Esclavons.

La journée est remplie ; nous rentrons à notre hôtel.

Le lendemain, dimanche, Monseigneur célèbre la sainte Messe à la Basilique.

L'heure du départ arrive promptement. Il faut quitter Venise ; la séparation serait pénible si chaque pas en avant ne nous rapprochait de Rome.

DE VENISE A BOLOGNE

22 avril.

Tandis que les Pèlerins prenaient la voie de Bologne, celui qui écrit ces lignes s'était rendu à Goritz avec plusieurs Bretons qui avaient tenu à présenter au glorieux héritier de nos Rois, l'hommage d'une fidélité inviolable et d'un respectueux dévoûment.

Nous aurons l'occasion de raconter cette visite, qui nous laissa le doux souvenir d'un accueil empreint de la plus gracieuse bienveillance ; continuons donc notre voyage ou plutôt rejoignons les Pèlerins à Bologne.

BOLOGNE

22 et 23 avril.

Notre absence a été courte, et, certes, elle ne sera pas le plus grand des maux puisque M. l'abbé Michel a bien voulu nous autoriser à reproduire les impressions tombées de sa plume dont on connait l'élégante exactitude.

« Bologne est une ville complètement italienne avec ses portiques et ses rues dallées. — Dès notre arrivée, dimanche soir, Monseigneur nous a conduits au Campo Santo, qui passe pour le plus beau d'Italie. C'est une suite d'une infinité de galeries où l'on enterre les personnes assez riches pour faire les frais de cette sépulture. — Un grand nombre de tombeaux sont remarquables par les peintures qui les décorent, par les inscriptions qui y sont tracées.

» Le lendemain, lundi, Monseigneur a dit la Messe au tombeau de saint Dominique, puis visité avec les Pèlerins cette église qui renferme plusieurs tableaux remarquables, mais dont le principal mérite est de contenir le tombeau de saint Dominique, belle œuvre de sculpture sur marbre représentant les principaux traits de la vie du Saint. — L'ange qui entoure l'autel et une des statues qui entourent la châsse sont attribués à Michel-Ange.

» De là, visite à Saint-Pétrone, église gothique dont la nef seule est terminée, et qui, si elle était continuée sur le plan primitif, serait la plus grande église du monde.

» Nous sommes allés ensuite vénérer le tombeau de sainte Catherine, et grâce à Monseigneur, nous avons été admis auprès de son corps conservé sans corruption depuis des siècles. La chapelle de la Sainte est très-riche ; on nous a permis de baiser ses pieds et de vénérer son crucifix, un tableau qu'elle a peint et les instruments de musique dont elle se servait pour imiter les anges.

» L'après-midi a été consacrée au musée, l'un des plus beaux d'Italie. »

DE BOLOGNE A FLORENCE

23 avril.

La voie ferrée qui relie Bologne à Florence est très-curieuse à étudier ; les travaux d'art y abondent. Le passage des Apennins dans l'un des points les plus élevés de la chaine toscane, atteste que la hardiesse des ingénieurs croît en raison des difficultés à vaincre : tunnels et viaducs nombreux, courbes répétées, pentes périlleuses, ponts jetés en biais au-dessus des eaux torrentielles du Reno. Nous franchissons 19 fois le Reno ; nous traversons 23 galeries, représentant au total 8 kilom. de voie souterraine, et nous arrivons à Pracchia, point culminant dont l'altitude est de 600 mètres.

A la sortie de cette station, nous descendons rapidement vers Pistoie. Après avoir passé un tunnel de près de 3 kil., la *galleria di S. Mommè*, nous arrivons, par un viaduc, dans la belle vallée de l'Ombrone; encore cinq tunnels et nous sommes dans le *val di Brana*. Le point de vue est magnifique : la plaine toscane se déroule à nos yeux, tandis que la ligne du chemin de fer nous apparaît se perdant dans les flancs abruptes des montagnes à travers mille lacets. Nous venons de descendre de 325 mètres sur une longueur de 14 kilomètres; vingt tunnels et deux viaducs nous ont ramenés sur le versant de la vallée de l'Ombrone; nous sommes à Piteccio; les deux kilomètres qui nous séparent de Pistoie, la ville aux bastions, nous fournissent l'occasion de traverser encore 4 souterrains et 4 viaducs; après quoi la plaine fertile se développe devant nous comme pour nous faire mieux apprécier par le contraste le caractère audacieux et étrange de notre voyage à travers les Apennins.

Nous arrivons à Florence vers 10 h. du soir.

Grand embarras pour trouver des hôtels d'un prix abordable ; enfin, après des courses que le poids de nos colis nous fait trouver très-longues, nous parvenons à découvrir un gîte. Je suis favorisé, car l'*Hôtel de Russie* est très-confortable ; on y est servi à la Française et le tarif n'est point par trop italien.

FLORENCE

23, 24 et 25 avril.

Florence est une jolie ville, mais peu animée. Le vide s'est fait dans ses belles rues, le long de ses quais bien alignés, sur ses boulevards circulaires qui semblent être sans objet, tant ils sont déserts. La cité des Médicis n'est plus qu'un reflet d'elle-même, depuis qu'avec son autonomie elle a perdu son rang de capitale.

Les Pèlerins se sont levés de bonne heure afin de mieux profiter de leur séjour à Florence. Nous n'étonnerons personne en disant que les devoirs religieux ont primé les courses artistiques. Au reste, l'art ici est étroitement lié à la Foi, et il nous est donné d'en jouir par surcroît.

Voici *Santa Maria del Fiore*, Sainte-Marie-des-Fleurs, ainsi nommée à cause des armes de Florence : (la ville des fleurs) un lys rouge sur champ blanc. Cette Cathédrale commencée en 1298 et dont la façade n'est cependant pas terminée, a un cachet original, avec ses revêtements en marbres bigarrés, où le blanc et le noir dominent. Je ne suis pas de l'avis de certains guides qui ont critiqué ce bariolage comme désagréable à la vue.

La coupole, un peu lourde dans son apparence extérieure, se dessine à l'in-de térieur avec son caractère imposant. Elle mesure une circonférence de près 142 mètres sur un diamètre de 46 mètres. Brunelleschi en fut l'architecte, et Michel-Ange, un bon juge assurément, a déclaré qu'il était « difficile de faire aussi bien, impossible de faire mieux. » Bel éloge dont son auteur a cependant atténué la portée, en jetant vers les cieux la gigantesque coupole de Saint-Pierre de Rome. La nef et le transept sont dignes de la coupole qui est la merveille de cette église, longue de plus de 148 mètres sur une largeur de 94 mètres au transept, de 40 mètres 1/2 à la nef et haute de près de 114 mètres du sol à l'extrémité de la Croix qui surmonte la boule du Dôme.

Le chœur en marbre est de forme octogone; derrière le maître-autel on remarque une *Pietà*, inachevée, par Michel-Ange. Parmi les mosaïques, je distingue au-dessus de la grande entrée le *Couronnement de la Vierge*, par Gaddo Gaddi. La chapelle de Saint-Zanobi est enrichie de bas-reliefs de Ghiberti sur la châsse du Saint. Il faudrait citer aussi la statue de saint Mathieu par Donatello, mais il est nécessaire d'arrêter une énumération qui serait trop longue.

Dans la Cathédrale se trouvent les tombeaux de Brunelleschi et de Giotto.

Nous nous rendons au Campanile, qui, d'après les ordres donnés à Giotto, « devait être plus beau que l'imagination ne peut le rêver. » Le hardi clocher, de style gothique italien, date de 1334; il a 84 mètres de hauteur, il est orné de 54 bas-reliefs et de 16 statues. Comme la Cathédrale, il est revêtu de marbres blancs, rouges et noirs.

Nous gravissons 463 marches et nous arrivons à la galerie supérieure où finit l'escalier. Cela ne nous suffit pas, et nous grimpons les 57 échelons qui par une voie raide et étroite conduisent au sommet de l'édifice. La vue dont nous jouissons nous dédommage amplement de notre fatigue. Assise dans une campagne admirable et comme sur un lit de roses, Florence est là avec ses palais austères, ses églises superbes et ses opulentes villas. Elle s'appuie sur des collines que l'olivier à la feuille mélancolique, le peuplier élancé, le mûrier, le chêne vert, l'oranger odoriférant, la vigne mêlant ses pampres aux fleurs de toutes sortes, transforment en un jardin délicieux. L'Arno roule ses eaux vertes dans la vallée et sépare la ville en deux parties inégales; comme fond de tableau, la chaîne des Apennins encadre d'une ceinture de neige la plaine toscane et les coteaux verdoyants où dômes et clochers s'élèvent nombreux à travers cette luxuriante végétation, comme pour attester la Foi florentine.

Sur la même place que le Dôme et le Campanile se trouve le Baptistère, édifice octogone, justement célèbre par ses portes de bronze, l'une, d'André de Pise, représentant des traits de la vie de saint Jean-Baptiste; les deux autres, de Lorenzo Ghiberti, empruntant leurs sujets à l'Ancien Testament et à la vie de Notre-Seigneur Jésus-Christ. C'est la porte qui fait face au Dôme que Michel-Ange appelait la plus belle de toutes les portes après celle du Paradis.

L'église Santa Croce, sur la place de ce nom, qui est décorée d'une moderne statue du Dante, est très-curieuse à visiter. La façade, dont la première pierre fut posée en 1857 par le Pape Pie IX, est comme celle de la Cathédrale, marquetée de marbres de diverses couleurs.

L'intérieur contient des trésors artistiques de première valeur. Des fresques de plusieurs artistes renommés, (notamment le *Couronnement de la Vierge* avec chœur d'Anges et de Saints, œuvre authentique de Giotto), embellissent ce monument qui ressemble à un campo-santo par le nombre des tombeaux qu'il renferme. Parmi ceux-ci citons les mausolées de Galilée, de Chérubini, d'Alfieri, par Canova, et de Machiavel, dont l'immorale *Politique* n'a fait que trop école, du Dante et de Michel-Ange. Sur le mausolée du poète, on lit : *Onorate l'altissimo poëta!* Sur celui de Michel-Ange, l'architecture, la peinture et la sculpture pleurent pour rendre hommage à ce maître trois fois illustre. Le cloître dépendant de l'église abrite aussi sous ses arcades de nombreux monuments funéraires.

Nous nous rendons aux églises de Santissima-Annunziata, de San-Spirito, de Saint-Michel, dont il faut noter le superbe Tabernacle en marbre blanc, par Orcagna; mais force nous est d'admirer sommairement, car l'abondance du beau rend nécessaire la sobriété de l'éloge.

Monseigneur David, pour reposer nos yeux éblouis autant que ravis, propose aux Pèlerins une excursion à San-Miniato. Aussitôt les fiacres se remplissent et, se rangeant en file, suivent la voiture épiscopale.

San Miniato domine Florence, et l'on n'arrive sur l'esplanade que par une rampe aussi longue que douce, garnie de cyprès. On profite alors d'un très-agréable point de vue.

L'église de San-Miniato, ainsi appelée parce qu'elle s'élève sur le lieu où le Saint de ce nom reçut le martyre au IIIe siècle est devenue le cimetière de l'aristocratie florentine; elle possède des mosaïques et quelques restes de fresques très-anciennes.

Rentrons en ville, et reprenons nos visites à la fois religieuses et artistiques.

L'église des Carmes *(il Carmine)* a vu le Pérugin, Raphaël, Léonard de Vinci, Michel-Ange, venir étudier tour à tour sur ses murs embellis des fresques datant du xve et du xvie siècle et dues à Masolino da Panicale, Masaccio, Filippino Lippi, etc.

L'église Saint-Laurent *(San Lorenzo)*, splendide monument érigé par les Médicis encore simples particuliers, est d'une richesse dont on aura à peine une idée quand j'aurai dit que la chapelle portant le nom de ses fondateurs et leur servant de sépulture, a coûté 23 millions de *lire* florentines. La sacristie nouvelle, commandée par le Pape Léon X, fut commencée en 1520 et achevée trente-cinq ans plus tard. Elle renferme des chefs-d'œuvre de Michel-Ange : un groupe non terminé de la Vierge et de l'Enfant Jésus, les statues du Penseur *(Pensieroso)*, du Crépuscule, de l'Aurore, du Jour, de la Nuit.

De Saint-Laurent, dont la bibliothèque est très-riche en manuscrits précieux, nous nous rendons à l'église Saint-Marc, que nous visitons ainsi que le cloître attenant au couvent. Dans l'église, où je trouve le tombeau de Pic de la Mirandole, et dans les salles du monastère aujourd'hui devenu un musée, on peut admirer les fresques de Fra Angelico, aussi pures que la vie de leur auteur.

La grande fresque de la salle du Chapitre est d'un intérêt saisissant; impossible de rien rêver de plus immatériel que le *Couronnement de la Vierge*, l'*Annonciation*, qui se distinguent entre toutes les ravissantes peintures des cellules.

N'omettons pas de citer aussi avec honneur la fresque du réfectoire, aussi belle qu'étendue et due au pinceau de Fra Bartolommeo, coloriste brillant qui fut l'ami de Raphaël.

On voit au couvent de Saint-Marc le cilice et les habits religieux de Savonarole qui habita ce monastère et que son esprit d'aventure amena sur le bûcher.

Dans la bibliothèque je remarque un missel avec miniatures attribuées à Fra Angelico, et un psautier enluminé par fra Benedetto di Mugello. Les manuscrits de Savonarole sont aussi déposés en cet endroit.

Près de la gare, sur une jolie place, s'élève l'église Santa Maria Novella, « la fiancée » de Michel-Ange, commencée en 1279, sur le plan de deux Dominicains, et achevée en 1357 par des Religieux du même Ordre. L'extérieur est en marqueterie de marbres blancs et noirs : décidément la marqueterie est en honneur à Florence. L'intérieur de la nef, dont les bas-côtés sont bordés de superbes tombeaux, est d'une sévère simplicité, comme construction, et d'une grande richesse de sculptures et de peintures anciennes. Des incrustations de marbres de diverses couleurs font encore mieux ressortir la beauté du maître-autel en marbre blanc. La voûte du chœur a été décorée par Ghirlandajo, le maître de Michel-Ange. Les fresques d'Orcagna représentant le Paradis et l'enfer sont très-curieuses, mais l'artiste s'est un peu embrouillé en voulant donner aux supplices des damnés une précision géographique. La profusion des détails nuit à l'effet d'ensemble.

Après avoir contemplé le fameux crucifix de Brunelleschi, et la Madone par Cimabue, dont la célébrité est certainement au-dessus du mérite, nous nous rendons au Cloître vert ainsi nommé à cause des peintures en camaïeu exécutées au xve siècle avec de la terre verte, mais aujourd'hui très-endommagées. Nous pénétrons dans la *Chapelle des Espagnols*. Il est malheureusement un peu tard, et la meilleure des bougies ne vaut pas le plus petit rayon de soleil pour admirer les vieilles fresques qui couvrent la voûte et les murs.

Ces peintures figurent ici les joies et les gloires de l'Eglise triomphante, entourant N.-S. Jésus-Christ assis au milieu des Anges dans le Ciel ; là, l'Eglise militante, dont la barque de Pierre est le symbole, et pour laquelle saint Dominique et saint Thomas-d'Aquin combattirent avec autant de vaillance que de fruit.

Voici un détail qui donnera une idée de l'originalité de ces peintures : Les Dominicains, représentés sous la forme de chiens (Domini canes, chiens du Seigneur) mettent en fuite les loups hérétiques et sauvent les brebis auxquelles saint Pierre ouvre les portes du Paradis. Ces fresques sont de Memmi et de Taddeo Gaddi, et il y aurait à faire une curieuse étude à propos de ces compositions où les artistes ont souvent tracé les portraits de leurs contemporains. Malice ou flatterie, selon le cas.

Nos visites accomplies aux églises principales, il est temps de passer à travers ces musées dont la réputation est universelle et, disons-le, au-dessous encore de la valeur artistique de tant d'œuvres remarquables.

Nous sommes sur la place de la Signoria. Sans nous arrêter devant les statues qui la décorent, jetons un rapide coup d'œil sur le Palais-Vieux *(Palazzo Vecchio)*, qui, déchu de sa grandeur passée, sert aujourd'hui de municipe, et vite, dirigeons-nous vers la loge de' Lanzi *(loggia de' Lanzi)* ou ancien corps de garde des lansquenets *(lanzichenecchi)*. Plusieurs chefs-d'œuvre sont à noter, particulièrement l'*enlèvement de la Sabine*, *Hercule et le centaure Nessus*, par Jean de Bologne, et surtout le fameux *Persée* en bronze, par Benvenuto Cellini. Quelques pas, et nous entrons aux *Uffizi*, ou palais des Offices, et pour la commodité du récit, je passerai de ces galeries au palais Pitti par le corridor établi sur le vieux pont (*ponte vecchio*) et mettant les deux palais en communication. Ce corridor est garni d'une belle collection de gravures et de tapisseries antiques.

On comprend facilement que je n'ai point l'intention d'énumérer ici toutes les beautés de la sculpture et de la peinture que j'ai eu l'occasion de voir; j'en citerai seulement quelques-unes.

Aux *Uffizi*, après avoir traversé les salles consacrées aux diverses écoles de peinture et jeté un coup d'œil sur les statues et les bustes des corridors, nous nous trouvons dans la pièce octogone surnommée la *Tribune*.

Cinq statues de choix y représentent la sculpture antique, savoir : le *Remouleur*, trouvé à Rome, au XVIe siècle; les *Lutteurs*, la *Vénus de Médicis*, par Cléomène; l'*Apollino*, attribué à Praxitèle; le *Faune dansant*, dont la tête et les bras sont de Michel-Ange. La restauration nous a paru supérieure à l'œuvre primitive.

Parmi les quarante-deux tableaux, ceux que les Pèlerins ont regardé avec le plus d'admiration nous semblent être : la *Vierge au Chardonneret*, *le portrait du Pape Jules II*, tous deux par Raphaël ; le *Repos en Egypte*, par le Corrège ; la *Sainte-Famille*, par Michel-Ange, qui a peut-être voulu prouver que la finesse d'exécution pouvait racheter la sécheresse du coloris et la hardiesse du dessin. J'aime mieux la *Sainte-Famille* de P. Véronèse, l'*Adoration des Mages*, d'Albert Dürer, la *Vierge* et *l'Enfant Jésus*, de Jules Romain, la *Vierge*, par le Guide, ou encore la *Vierge adorant son divin Fils*, de Carrache. On me trouvera téméraire d'oser ainsi critiquer Michel-Ange : j'ai eu et j'aurai assez d'autres occasions de louer ce grand maître pour que ma franchise ne ressemble en rien à une inconvenance.

Je me reprocherais d'oublier le *Job*, de Fra Bartolommeo, et le *Christ couronné d'épines*, de Luca d'Olanda, qui sont également très-beaux. Mais je dois bien aussi une mention spéciale à notre école Française, dignement représentée aux *Uffizi*, par les peintures de Ph. de Champaigne *(vocation de saint Pierre)* de Le Brun, *(vœu de Jephté)* de Boucher, *(l'Enfant Jésus)* de C. Vanloo, *(la Vierge)* de La Hire, *(saint Pierre guérissant les malades)* du Poussin, de Jos. Vernet, de Mignard, etc., etc.

Puisque je suis revenu sur mes pas, je m'arrête un instant dans les deux curieuses salles garnies de 500 portraits de peintres peints par eux-mêmes, et je constate avec satisfaction qu'Ingres et Flandrin sont là.

Comment, d'autre part, ne pas signaler les médailles, les camées, les émaux et le cabinet des gemmes (ce joyau de la collection des Médicis), où la richesse du travail des maîtres Benvenuto Cellini, Jean de Bologne, etc., le dispute à la richesse des pierres précieuses?

Allons au palais Pitti, le palais presque exclusif de la peinture.

Et d'abord, voici la *Madonna della Seggiola*. Que de copies et de reproductions par la gravure ont été faites de la *Vierge à la chaise*, le plus populaire parmi les chefs-d'œuvre de Raphaël !

L'enthousiasme de plusieurs Pèlerins se porte sur la *Vierge du grand-duc*, qui, également de Raphaël, n'a avec la *Madonna della Seggiola* aucune ressemblance de type. L'une est exquise de beauté ; l'autre est suave d'expression virginale.

Pour moi, je choisis les deux et même les trois avec la *Vierge au Baldaquin*, grande et belle composition du même ; je donne aussi mon admiration à la *Vierge en gloire*, d'Andrea del Sarto, aux Madones de Fra Angelico et de Fra Bartolommeo, à la *Vierge au Rosaire*, de Murillo.

Mentionnons parmi tant de splendeurs artistiques la *Pietà*, de Fra Bartolommeo, *saint Pierre pleurant*, par Carlo Dolci, *saint Pierre*, par Le Guerchin, un *Ecce Homo*, de Cigoli, la *Descente de Croix*, par Le Pérugin, à comparer avec celle du Tintoret, la *Sainte-Famille*, par Albane, et comme contraste de genre, la *Sainte-Famille*, par Rubens ; le *Christ*, par Titien, etc., etc.

Mais je renonce à citer même les noms de cette pléiade de maîtres, le Corrège, Carrache, le Dominiquin, Ribeira, Pordenone, Jules Romain, Rembrandt, Léonard de Vinci, Velasquez, Palma-le-vieux, Pinturicchio etc., auxquels le génie a ouvert les portes du palais Pitti, où semble régner le grand Pape Léon X qui revit sous le pinceau de Raphaël.

Cependant je ne puis me dispenser de noter les *batailles* de Salvator Rosa, et enfin l'éblouissante *Vision d'Ézéchiel*, car je finis par où j'ai commencé, par Raphaël.

Ne sortons pas des galeries dans lesquelles nous nous promenons depuis quatre heures, en découvrant à chaque pas de nouveaux trésors, sans dire un mot, — un mot seulement, — des magnifiques tables en mosaïque, en lapis-lazzuli, en malachite qui ornent plusieurs salles. Il convient aussi de constater le succès d'éloges qu'a obtenu un vase en porcelaine de Sèvres, merveille de céramique provenant de notre manufacture Française.

En sortant du palais Pitti, du côté de la place du même nom, nous jetons un regard sur cet édifice du XVe siècle bâti par les ordres de Luca Pitti, simple commerçant florentin, et sur les dessins de Brunelleschi. La façade longue de 201 mètres est d'une construction plus singulière que gracieuse, avec ses blocs énormes taillés à bossages. Derrière ce monument s'étend le jardin Boboli, délicieuse promenade.

Avant de quitter Florence, je dois parler des Cascine, promenade située entre la rive droite de l'Arno et le chemin de fer. Un bois de haute futaie percé de larges allées, de vastes prairies tout autour, et au loin les montagnes, tels sont, en résumé, les charmes de cette mauvaise contrefaçon du bois de Boulogne. Équipages et cavaliers y abondent vers le soir. On prend d'excellentes glaces sur le *Piazzone*, et l'on peut, en fait de perspective, contempler le tombeau tout doré d'un prince indien. J'aime mieux les glaces que le tombeau. Notre départ est décidé.

Après avoir un peu allégé sa bourse dans les fabriques de mosaïques (fort supérieures à celles de Venise), et chez les marchands de photographies (il faut bien joindre les souvenirs de Florence à ceux de Milan, Venise, Bologne), chacun fait ses préparatifs de mise en route.

A dix heures nous partons pour Assise.

ASSISE

26 avril.

Du voyage, rien à dire. Cependant nous apercevons, par un beau clair de lune, le lac de Trasimène, qui nous rappelle la victoire d'Annibal.

Il est 3 heures du matin quand nous arrivons à Assise. Nous sommes assaillis par les cris, aussi bruyants que répétés, des garçons d'omnibus : *Leone d'oro*, *Subasio* et réciproquement *Subasio*, *Leone d'oro!* C'est un vacarme auprès duquel paraissent harmonieux et agréables les hurlements poussés à Saint-Brieuc pendant les retraites aux flambeaux.

Après un trajet de trente minutes environ, le long d'une côte escarpée, le conducteur nous invite à descendre, et nous sommes entre les griffes du *Lion d'or*.

Assise ressemblerait au plus humble des villages, si la grâce des Saints ne perpétuait l'œuvre des moines. Les Pèlerins seuls se rendent dans cette petite ville, dont les maisons sont en aussi mauvais état que les rues abandonnées.

Le couvent des Franciscains, élevé au milieu du treizième siècle, a l'air d'une forteresse chargée de protéger la cité éparpillée en amphithéâtre sur le flanc de la montagne. Jadis plusieurs milliers de religieux animaient de leurs chants et sanctifiaient de leurs prières le cloître aujourd'hui désert. Il y a bien encore quelques bons Pères, mais la Révolution italienne les a réduits au rôle de locataires sur leurs propres domaines, et a établi une institution d'enseignement laïque, à l'ombre de ces murs tout pleins des immortels parfums de la sainteté. C'est à la fois une iniquité et une profanation.

Trois églises superposées, — symbole des trois vies de l'âme, — sont réunies dans le superbe vaisseau architectural décoré de fresques parmi lesquelles je remarque celles de Giotto, représentant avec un pieux à-propos : la Pauvreté, la Chasteté, l'Obéissance et la Glorification. Au dessous de la seconde église, se trouve le tombeau de Saint-François, creusé dans le roc, et au pied duquel viennent, à la lueur vacillante des lampes de la crypte, s'agenouiller les fidèles du monde entier.

Les Messes se succèdent dans ce Sanctuaire, et Monseigneur y célèbre vers 7 heures le Saint-Sacrifice, entouré des Pèlerins, qui, leurs dévotions faites, visitent les divers sanctuaires d'Assise aux souvenirs pieux et doux.

Voici, convertie en église placée sous le vocable de saint François, la maison où naquit le Saint; la chambre — disons plutôt la prison — où il fut, durant son enfance, enfermé par son père, mécontent de le voir s'occuper de la construction de l'église d'Assise.

Au couvent de Sainte-Claire, nous trouvons une religieuse Clarisse qui, fille d'un haut personnage étranger, a été élevée en Bretagne, et nous fait, dans un français très-correct, le meilleur accueil. Elle nous montre dans une Chapelle réservée le Crucifix qui a parlé à saint François ; nous descendons ensuite dans la crypte qui est toute en marbre ; le voile couvrant la grille du reliquaire s'écarte, et le corps de sainte Claire nous apparaît dans sa châsse, cristal et or, brillant à la lueur des cierges.

Le visage est noir, mais les traits sont très-bien conservés.

Nous prions devant le tombeau vénéré de cette Sainte et devant celui de ses compagnes de martyre dont les ossements reposent dans l'église même de Santa-Chiara, et nous gagnons l'église de Sainte-Marie des Anges, placée dans la vallée à quelques mètres de la gare.

A Sainte-Marie-des-Anges, nous voyons l'oratoire où Notre-Seigneur apparut et accorda à saint François l'Indulgence de la Portioncule, que les Pèlerins s'empressent de gagner, le cordon sacré, plusieurs reliques et la cellule où est mort le Saint. Voici la touffe de rosiers qui rappelle les mortifications de l'austère et glorieux serviteur de Dieu.

Nous quittons à regret ces lieux bénis, mais il faut partir si nous voulons être ce soir à Ancône, et après-demain à Notre-Dame de Lorette.

A Assise, nous avons le plaisir de trouver un chef de gare Français, qui, sans crainte d'être appelé *clérical*, témoigne à Monseigneur le respect dû à un Evêque, et est plein de prévenances pour nous.

Nous partons pour Foligno, où nous prenons la ligne de bifurcation, et à 7 heures 30 nous arrivons à Ancône par une soirée superbe. Pas un nuage dans le ciel; à l'horizon, le soleil qui se couche empourpre les eaux calmes de l'Adriatique que la voie longe de très-près. On croirait être en bateau à vapeur. Sur la falaise dominant la rade se dresse Ancône, cité où les souvenirs historiques abondent et qui fut témoin du suprême effort tenté par l'héroïque général de Lamoricière, le glorieux vaincu de Castelfidardo, aux yeux des hommes, l'immortel vainqueur devant Dieu.

Le lendemain, nous partions à la première heure du jour pour Lorette, et la sainte colline apparaissait bientôt à nos yeux. La rampe qui conduit à la Santa-Casa fut promptement montée par les Pèlerins impatients de s'agenouiller dans la Maison du Miracle.

NOTRE-DAME DE LORETTE

27 avril.

Sites pittoresques, admirables richesses du ciseau et du pinceau, trésors accumulés par la dévotion des siècles, tout disparaît devant cette demeure qui fut celle de la Très-Sainte Vierge, celle de Dieu.

Que sont les merveilles de l'art, même de l'art italien, devant ce miracle accompli, sur l'ordre de Dieu, par les Anges : le transport à Lorette, de la *Casa Santa!*

J'ai écouté avec intérêt les explications du bon Père Franciscain Rossignol, l'ami obligeant de tous les Français, démontrant historiquement et scientifiquement l'authenticité du miracle. C'est d'une précision irréfutable, mais, comme l'a dit Monseigneur David, à quoi bon les preuves historiques et scientifiques quand on s'adresse à la Foi qui ne sait pas faillir !

Au chant de l'*Ave maris Stella*, de cantiques Bretons et Français, nous avons visité processionnellement l'Église et la Sainte Maison. Là, Sa Grandeur, en termes élevés et chaleureux, a rappelé la sainteté de cette humble habitation de Marie et de saint Joseph. ET VERBUM CARO FACTUM EST. C'est en cet endroit si cher à la piété des fidèles que s'accomplit l'ineffable mystère de la virginale Maternité, c'est là que vécurent la Très-Sainte Vierge, son chaste Époux, et son Fils divin. Prions, a dit Monseigneur, pour nos Familles, pour la France, pour l'Église et pour son Chef, dont les vertus héroïques dominent même les malheurs. Prions dans cette résidence que Dieu marqua de son sceau ineffaçable.

Notre éminent Évêque n'a pas eu de peine à faire partager aux Pèlerins son émotion qu'il ne cherchait pas à dissimuler, et tous nos cœurs battaient à l'unisson aux accents de la voix aimée du Pontife.

Quel ravissement que le nôtre en couvrant de baisers ces murs sacrés, la parcelle du voile de la Mère de Dieu, les écuelles qui servaient à la Sainte Famille.

Nous étions si loin de la terre et si près du Ciel!

Le soir venu, nous avons quitté ce Sanctuaire auguste où la Communion avait ouvert les religieux exercices de la journée. Notre départ a été mêlé de regrets, malgré notre vif désir de nous rendre à Rome le plus tôt possible.

Nous ne pouvions nous arracher aux douces joies ressenties dans la Sainte Maison, et l'heure de la séparation sonnait que nos regards et nos prières se tournaient encore vers ce lieu mémorable, où l'Incarnation a été consacrée par un nouveau miracle.

Avant de quitter Lorette, nous sommes allés, plusieurs de mes amis et moi, prier sur le tombeau de M. de Parcevaux, qui est dans la crypte de l'église, et sur la fosse où dorment de leur dernier sommeil les zouaves Pontificaux tombés à Castelfidardo. Hélas ! pas même une croix ! Mais, en relevant la tête, nos yeux apercevaient la Vierge de Lorette qui veille avec amour sur les soldats du Christ.

Oh ! ceux-là ne sont pas à plaindre qui sont morts pour la cause de Dieu. Ils ont succombé pour la Religion et pour la Patrie ; ils représentaient les droits sacrés de l'Église et l'honneur de la France. Gloire à leur mémoire !

La Santa Casa, dont le revêtement en marbre — œuvre magistrale — a été exécuté sur les dessins de Bramante, du Pontificat de Jules II à Paul III, est placée sous la coupole. Elle mesure 10 mètres 60 de long sur 6 mètres 21 de haut, et est construite en briques. Dans une niche au-dessus du très-riche maitre-autel est la statue de la Très-Sainte Vierge, sculptée sur bois de cèdre par saint Luc.

Une armoire, dont la porte seule est moderne, renferme deux plats pareils à celui où l'on dépose les objets à bénir ; ils ont également appartenu à la Sainte Famille. De nombreux fac-simile en sont vendus par les marchands de chapelets, de médailles et de clochettes. Ces dernières sonnent contre les défaillances de l'âme, contre la peur, contre les pensées mauvaises. Nous allons être des héros et des saints, à en juger par le bruit que font nos poches, toutes pleines du *drelin-drelin* de ces clochettes mignonnes et sonores.

DE LORETTE A ROME

27 avril.

Rentrés à Ancône dans la soirée, nous en repartons à 10 heures. Tout le monde accepte avec plaisir les petites fatigues de ce voyage de nuit. Nous sommes en route directe pour Rome.

A 7 heures et demie le lendemain matin, la Ville Éternelle se dessine à l'horizon ; le soleil levant perce la brume et éclaire le dôme de Saint-Pierre.

ROME

28 avril.

Salut, Cité sainte, où nous venons, précédés et suivis de milliers de pèlerins, de tous temps et de tous pays, retremper notre Foi aux sources divines et apporter au Chef de l'Église le tribut de nos hommages et de notre amour filial !

Salut, Rome des Martyrs et des Papes, de saint Pierre et de Pie IX, ô la Ville d'entre les villes, la Reine du monde catholique !

Salut, ô Vatican, où lutte, résiste, commande et prie le Pontife héroïque aux pieds duquel nous aurons bientôt le bonheur de nous prosterner !

Le rêve de nos jeunes années est devenu une réalité. Nous sommes *chez Pie IX*, comme dit auprès de nous un Pèlerin dont les mérites sont bien plus grands que les nôtres, car il est venu de France, à pied, de sanctuaire en sanctuaire, son bâton à la main, ainsi que faisaient jadis nos devanciers sur cette voie de bénédictions.

En sortant de l'hôtel de la *Minerve* et de la pension Bretonne tenue par M. Le Roux, les Pèlerins se dirigent avec Monseigneur David vers la Basilique. Ils passent le Tibre et trouvent comme tête de pont le château Saint-Ange dont la rotonde est surmontée de la statue de l'archange saint Michel. Ils arrivent ensuite en droite ligne sur la vaste place Saint-Pierre.

Te voilà, royale coupole due à l'incomparable génie de Michel-Ange! Te voilà, monument gigantesque dans tes harmonieuses proportions, superbe avec tes mosaïques innombrables et tes opulents tombeaux! Demain, nous admirerons, en détail, tes beautés grandioses.

Aujourd'hui, nous baisons les dalles sacrées de la nef immense, nous nous agenouillons sur le Tombeau des Apôtres. Nous ne sommes pas des artistes, nous sommes des Chrétiens, et si nous aimons le vrai et le beau partout, c'est surtout dans la vie de ces hommes qui surent devenir des Saints.

Voici la salle du Concile où fut défini le dogme de l'Infaillibilité, par lequel la Papauté persécutée affirma de nouveau sa force. Ah! la coupole elle-même n'est pas aussi élevée que les espérances qui découlent de ce grand acte de Foi.

Michel-Ange a fait petit : il ne prévoyait pas Pie IX. Il pensait au prestige de l'Eglise dans son triomphe ; il a mal pris ses mesures, et l'auguste Prisonnier du Vatican a trompé les calculs de l'architecte.

Qui donc saura redire les grandes émotions de nos âmes en entrant sous ce dôme majestueux, en priant dans cette église, la première entre toutes, elle qui porte le nom et qui renferme les reliques du disciple auquel Notre-Seigneur a dit : » Tu es Pierre, et sur cette pierre, je bâtirai mon Eglise, et les portes de l'enfer ne prévaudront point contre elle. »

Il n'y a que la prière à pouvoir exprimer notre gratitude envers Dieu. Rien n'est éloquent comme un acte d'amour.

Et nous prions, heureux Pèlerins, dans ce vestibule du Paradis, avec une ferveur égale à l'allégresse de nos cantiques. Oh ! le bonheur d'être à Rome ! Il faudrait, pour en énumérer les charmes, un gros volume écrit par un maître. Qu'on soit indulgent pour le cahier modeste d'un Pèlerin. De la Basilique Saint-Pierre, nous avons traversé la Rome païenne, pour aller à l'église des saints Cosme et Damien.

Le forum de Trajan avec ses colonnes cassées, a quelque analogie avec un chantier où l'on taille les bornes kilométriques ; seule, la colonne Trajane, au sommet de laquelle Sixte-Quint plaça la statue de saint Pierre est intacte et digne d'être contemplée ; c'est un beau bronze. Le Capitole sent le vieux-neuf et n'a pas même gardé sa physionomie ; les trophées de Marius sont apocryphes ; les deux statues de Castor et Pollux seraient à leur place devant la baraque d'un hercule de foire. Je leur préfère celles de Constantin et de son fils. Quant à la statue équestre de Marc-Aurèle, elle sera jugée lorsque j'aurai rappelé que

Michel-Ange admirait beaucoup le cheval. Au poids du bronze, qui fut doré, elle vaudrait, du reste, beaucoup de gros sous, que quelque vieil affolé d'antiquités pourrait compter sur les bornes milliaires qui bordent la place.

La roche Tarpéienne a été tellement ébréchée, qu'il n'en reste guère qu'un vestige peu certain dans un jardin. Le saut ne serait plus périlleux, car il n'y a ni précipice, ni fossé au bas de ce caillou si gros dans nos illusions classiques.

Le Forum est devenu le *champ des vaches*, de par l'édilité. A quoi bon énumérer les débris de monuments qui entourent la voie si improprement appelée sacrée. Arcs de triomphe, temples, rostres, etc.; tout cela est démoli, et j'en suis ravi. Les vieux Romains ne m'ont jamais séduit; je sais ce que pesait l'austérité de Caton; Cicéron parlait bien, mais agissait mal; des deux Brutus, l'un fut un père dénaturé, l'autre un parricide. Les vertus de ces républicains sont sujettes à caution. L'histoire a échenillé l'arbre généalogique de ces prétendus grands hommes du paganisme, et, les chenilles disparues, il ne demeure rien. Je me trompe; il reste le souvenir des crimes de la Rome impériale, souvenir qui durera plus longtemps que le palais des Césars dont le mont Palatin renferme les ruines, curieuses, si l'on veut, au point de vue archéologique: mais que m'importe la chambre de Tibère! Le monstre a fait peindre les fresques de son antre avec le sang des chrétiens! De Jupiter Stator, rien à dire sinon qu'il peut recevoir l'assurance de mon parfait mépris.

Du bois, où Numa ne rencontra jamais la nymphe Egérie, il y a longtemps qu'on a fait des flûtes, et la vieille louve qui nourrit Romulus et Rémus ne fut même pas empaillée.

Sortons de cet amas de décombres qui montrent la vanité de l'orgueil humain et entrons dans l'église des saints Cosme et Damien, qui renferme les tombeaux de ces deux martyrs et celui de saint Félix dont le corps fut découvert en 1852, dans une crypte. Le porche circulaire *(cella)*, fut l'ancien temple des frères jumeaux fondateurs de Rome : à l'entrée, on voit deux des pierres que l'on attachait aux pieds des chrétiens avant de jeter ceux-ci dans le Tibre. Néron et ses émules en scélératesse avaient deviné les noyades de Carrier. Les mosaïques sont fort curieuses, et fort antiques, principalement celle de l'abside.

Voilà le Colisée, colossale enceinte de forme ovale sur les gradins de laquelle prenaient place cent mille spectateurs. Des revêtements de marbre ornaient cet amphithéâtre aujourd'hui démantelé, mais encore reconnaissable grâce aux travaux de restauration et d'entretien exécutés sur les ordres de Pie IX et de deux de ses prédécesseurs. Le Colisée fut arrosé du sang des Martyrs, livrés aux bêtes par des bêtes plus féroces encore que les lions et les tigres ; les fauves sont doux à côté de la fureur d'un despote doublée de l'ivresse criminelle d'un peuple dégradé.

Il y avait un chemin de la Croix sur cette voie douloureuse. Il a été enlevé depuis l'envahissement de la Ville-Éternelle par celui qui a renié les armes de la Maison de Savoie. Pas de commentaires, et prions en ce lieu où tant de forfaits ne purent lasser tant de vertus.

En me promenant dans cette arène, je vis un enfant qui cueillait une fleur. Cette fleur ressemblait à un myosotis, emblème du souvenir. Passe encore ; mais, sur le pourtour extérieur, j'aperçois des petits tas de pommes qu'un marchand vend au détail. N'est-il pas navrant de voir donner une pareille destination au lieu où des milliers de chrétiens ont péri pour la Foi ! Et le Romain, qui n'est pas incrédule, ne comprend pas ce que son commerce a d'odieusement inconvenant ! Cela explique comment il peut se consoler de la captivité du Saint-Père !

Le Colisée était par sa disposition semblable à un théâtre énorme ; un velum (tente) formait la voûte ; de larges escaliers conduisaient aux divers étages et à la terrasse supérieure ; nous sommes à l'endroit où le César et sa suite recevaient le funèbre salut des mourants. Au milieu de l'arène se trouvaient les *vomitoria* ou vastes portes de dégagement ; les loges des animaux étaient placées sous la dernière rangée de gradins.

Nous saluons l'arc de triomphe de Constantin, le premier empereur chrétien, et nous nous rendons à Saint-Grégoire *au Cœlius*, église érigée par le grand Pape de ce nom en l'honneur de saint André et remplie de souvenirs de piété, plus étincelants encore que les fresques si remarquables du Guide et du Dominiquin.

Nous entrons ensuite à Saint-Jean et Saint-Paul, où l'on célèbre la fête de saint Paul-de-la-Croix, canonisé par Pie IX, le 29 juin 1867. Le corps du fondateur des Pères Passionnistes, est exposé à la vénération des fidèles parmi lesquels nous prenons rang. Dans ce sanctuaire sont aussi les reliques des deux saints sous le vocable desquels il est placé. Une musique harmonieuse et douce nous ravit, mais ces fioritures musicales remuent moins le cœur qu'elles ne séduisent l'oreille et les assistants oublient trop que le bon Dieu est sur l'autel auquel ils tournent le dos pour mieux entendre les artistes.

Nous rentrons dans nos hôtels respectifs et, certes, avec plus de justesse que l'empereur romain, nous pouvons dire que nous avons bien employé la journée.

---

29 avril.

La matinée est remplie par les œuvres de dévotion et les saints devoirs du Dimanche.

A deux heures de l'après-midi, Monseigneur groupe ses Pèlerins autour de la Basilique de Saint-Jean de Latran, devant l'obélisque, qui, sur les ordres de Constantin, fut transporté d'Héliopolis dans la Ville Éternelle. Cet obélisque trouvé dans des ruines en 1588, fut restauré par Sixte-Quint, qui le fit dresser devant la Basilique de Saint-Jean. Une croix le surmonte.

Nous pénétrons dans le Baptistère ou église de *San Giovanni in fonte*, édifice octogone, bâti par Constantin lorsqu'il reçut le baptême des mains du Pape saint Sylvestre. Cet empereur sut s'incliner devant la Croix, et le souvenir du Labarum figure dans les vieilles fresques qui décorent la voûte et les chapelles. *In hoc signo vinces*, la promesse faite au fils de sainte Hélène est la devise de notre Patrie, et en particulier de nos cercles catholiques. La Croix n'est pas seulement un symbole de Foi, c'est un gage d'espérance.

La lèpre de la France pénitente s'en ira comme la lèpre hideuse de Constantin guéri dans les eaux baptismales.

Une urne en basalte vert avec un couvercle orné de bas-reliefs en métal doré constitue la piscine du Baptistère que nous quittons pour entrer à Saint-Jean de Latran. Cette Basilique, ainsi que le rappelle une inscription, est la mère et la tête de toutes les églises, parce qu'elle fut investie par saint Sylvestre du titre d'église épiscopale des Pontifes Romains.

Fondée sur la partie du palais impérial qui fut enlevée par Néron à *Lateranus*, elle a été consacrée au Sauveur le 9 novembre 324, par le pape saint Sylvestre.

Constantin inaugura de ses propres mains les travaux et voulut ainsi joindre l'humilité à la munificence, attestant doublement sa tendre gratitude envers Dieu qui avait purifié son âme et son corps. Le vocable de saint Jean-Baptiste date de 1144.

La Basilique primitive dura mille ans environ; elle a été reconstruite à diverses époques. La façade est percée de cinq arcades, correspondant aux cinq nefs de l'intérieur; la balustrade est ornée de la statue de Notre-Seigneur et de celles de dix Saints. Dans l'arcade du milieu est la *loggia* d'où le Pape, avant sa captivité, donnait la Bénédiction apostolique le jour de l'Ascension. Sur le fronton triangulaire, au-dessus de la porte du milieu, qui est en bronze antique, se trouve une image en mosaïque du Sauveur, provenant de l'ancienne Basilique. A gauche du portique, on voit la statue, en marbre, de Constantin, transportée là sur les ordres du pape Clément XII. La porte à droite est celle du Jubilé.

L'intérieur de la Basilique forme une croix latine. La grande nef, malgré des bizarreries dans les détails d'architecture, présente un magnifique aspect.

Dans des niches à frontons supportés par de belles colonnes de marbre vert, reste du monument antérieur, sont les statues des douze Apôtres, en marbre blanc et aux dimensions colossales. Derrière chacune de ces statues placées par le pape Clément XI, est peinte une porte entr'ouverte, image des portes de la Jérusalem céleste, dit Mgr Gaume dans son excellent livre les *Trois Rome;* au-dessus des niches, des bas-reliefs représentent d'un côté des figures de l'Ancien Testament, relatives au Messie, de l'autre, les faits de l'Évangile qui en sont l'accomplissement. Plus haut sont les Prophètes.

Un baldaquin de style ogival abrite, entre quatre colonnes de granit, le maître-autel. Dans l'autel papal, on conserve la table en bois sur laquelle saint Pierre célébra les divins Mystères. Les pèlerins ont pu baiser ce précieux vestige du Christianisme à son aurore, que le pape saint Sylvestre retira des Catacombes.

Dans le Tabernacle proprement dit, que protége une grille dorée, sont de vénérables reliques, entr'autres les têtes des saints Pierre et Paul retrouvées en 1367 par Urbain V. Le Tabernacle construit par les soins de ce Pape et de Charles V, roi de France, a été restauré par Pie IX avec magnificence ; les peintures de sa base datent du XIVe siècle et sont dues à Bernard de Sienne. Devant la confession, on remarque un tombeau en bronze du pape Martin V ; cette œuvre est de Simon, frère du Donatello par le talent comme par les liens du sang.

Une très-belle mosaïque de Jacques de Torrita décore l'abside. Au sommet, l'image du Sauveur entouré de neuf Chérubins et d'un grand nombre de Saints. Ici, saint Pierre, saint Paul, saint Jean, saint André ; là, saint François et la Très-Sainte Vierge, appuyant la main sur la tiare de Nicolas IV. Cette mosaïque est d'une prodigieuse variété symbolique :

mais le temps nous manque pour étudier toutes les intentions de l'auteur.

Près de la sacristie, nous nous prosternons dans le petit sanctuaire où, derrière une grille et sous de larges feuilles de cristal, est conservée au-dessus de l'autel la table sur laquelle Notre-Seigneur célébra la Cène et institua la Très-Sainte Eucharistie.

Nous visitons la somptueuse chapelle Corsini, érigée par Clément XII, en l'honneur de saint André. Ce Saint et le Pape, dont le tombeau est là, appartenaient à la famille Corsini. La chapelle Torlonia est aussi d'une richesse éblouissante; la chapelle Orsini, et celle du Saint-Sacrement seraient dignes d'une attention particulière, mais nous allons vite pour aller partout.

Arrêtons-nous cependant un instant dans la chapelle capitulaire, ou chœur d'hiver des chanoines; la troisième stalle à gauche est celle des Rois de France qui font partie du chapitre depuis que, en 1595, Henri IV, converti, fit don, à la Basilique, de la riche abbaye de Clerac, en Gascogne. Henri IV! le voilà à cheval au fond du portique latéral. Le chapitre de Saint-Jean a voulu, par ce bronze, perpétuer le témoignage de sa reconnaissance envers le Béarnais, dont la Révolution a pu spolier l'héritage, mais non détruire l'invincible popularité.

Nous avons parcouru le cloître de Saint-Jean-de-Latran, très-belle création du XIIe au XIIIe siècle. On y voit diverses reliques au caractère mémorable, mais dont l'authenticité n'a pas été décrétée par la Congrégation.

De Saint-Jean de Latran à la Scala Santa, il n'y a que quelques pas. Nous les franchissons avec empressement et nous gravissons à deux genoux, Monseigneur David en tête, l'escalier que Notre-Seigneur monta et descendit quatre fois dans la matinée du jour de la Passion :

en arrivant chez Pilate, en allant chez Hérode et en revenant, enfin après la sentence de mort, couvert du manteau de dérision et portant la couronne d'épines.

Les 28 marches de la Scala Santa proviennent du palais de Pilate ; elles furent expédiées de Jérusalem par l'impératrice Hélène.

Au XVIe siècle, le pape Sixte-Quint les a fait transporter en une nuit à l'endroit où elles sont actuellement. La marche supérieure fut placée la première, puis l'avant dernière et ainsi de suite, de sorte que les ouvriers ne posèrent pas les pieds sur l'escalier qu'ils réédifiaient.

Les marches sont en marbre blanc veiné, et elles ont été littéralement usées par les genoux des Pèlerins ; depuis un siècle, on les a recouvertes de degrés en noyer qui les protégent mais laissent voir le marbre par des trous pratiqués de distance en distance, notamment par les petits ronds vitrés et garnis de croix indicatrices des stations de cette ascension expiatoire. De nombreuses indulgences sont attachées à la dévotion de la Scala Santa.

Ce n'est pas sans être ému jusqu'au fond du cœur que l'on monte cette voie de prière.

Au-dessus de la vingt-huitième marche et en face nous apercevons l'ancien oratoire des Souverains Pontifes, le *Sancta Sanctorum*, où ont été recueillies beaucoup de reliques insignes. Dans le fond de ce Sanctuaire est la célèbre image du Sauveur, peinte sur bois de cèdre. Saint Luc l'a commencée et, suivant la légende, les Anges l'ont terminée. Au bas de la Scala Santa, Pie IX a fait placer deux statues : un *Ecce homo* et la *trahison de Judas*. En quittant la Scala Santa, nous traversons le vaste espace qui, bordé par les anciens aqueducs, forme une grandiose solitude entre Saint-Jean de Latran et Sainte-Croix de-Jérusalem. Impossible de se dérober au caractère imposant de ce paysage, dont la gravité répond si bien au recueillement de nos âmes.

Nous passons devant le Triclinium du pape saint Léon III. De ce monument qui date du VIIIe siècle, il ne reste que la voûte d'une niche décorée de belles mosaïques. Dans l'une d'elles, saint Pierre présente un pallium à Léon III et un étendard à Charlemagne, avec cette inscription — touchante association de l'Église et la France—*Bienheureux Pierre, donne la vie au pape Léon et la victoire au roi Charles!*

Hélas! l'Église est opprimée et la France n'a plus ni victoire ni Roi. Le sceptre de Charlemagne, de ce prince dont la Révolution a désavoué la haute politique, ne peut être remplacé même par la plus vaillante épée.

Bienheureux Pierre, donnez la vie au pape Pie IX, et faites que notre Patrie accomplisse encore les gestes de Dieu!

Nous sommes arrivés aux portes de Sainte-Croix-de-Jérusalem. Cette église fut construite par les soins de sainte Hélène, dans les jardins de Varius, le père du sinistre idiot qui s'appela Héliogabale. L'illustre et pieuse mère de Constantin avait été assez heureuse pour retrouver dans son Pèlerinage plusieurs instruments de la Passion et la vraie Croix dont un miracle éclatant avait affirmé l'authenticité. Elle résolut de bâtir une nouvelle église destinée à perpétuer sa reconnaissance et à glorifier encore le Sauveur. Un vaisseau fut chargé de la terre du Calvaire qui fut déposée au sessorium habité par l'impératrice. Bientôt une basilique s'éleva sur l'emplacement du palais impérial et saint Sylvestre la consacra.

A Sainte-Croix de Jérusalem on peut admirer des fresques remarquables, particulièrement celles de la voûte de l'abside, par Pinturrichio. et divers tableaux et mosaïques qui, comme les peintures, se rapportent à la destination spéciale de l'église. Beaucoup de richesses artistiques seraient à signaler en parcourant les trois nefs séparées par d'énormes pilastres, mais l'art cède le pas à la Foi qui entraîne vers ce Sanctuaire. Sous la table du maître-autel, dont le baldaquin s'appuie sur quatre colonnes de marbre, sont les corps des martyrs Césarée et Anastase. Dans une chapelle voûtée qui fait suite à la sacristie, se trouvent des reliques dont on ne peut approcher sans ressentir un trouble profond.

Le mystère de la Rédemption y apparaît avec une réalité saisissante.

Mais que pourrais-je dire qui soit digne de ces souvenirs teints du sang de mon Dieu !

O Crux, ave
Spes unica !

Monseigneur David, après quelques mots qui vont droit au cœur, tant ils sont éloquents de vérité et d'attendrissement, nous admet, les uns après les autres, à vénérer ces reliques dont la simple nomenclature suffit à faire comprendre le prix ineffable.

Trois grands morceaux de la vraie Croix, et le titre avec les trois légendes en hébreu, en grec et en latin; un des clous de la Passion (long de 13 centimètres à tête arrondie et à trois tranchants) ; un morceau de la colonne de la flagellation ; deux épines minces, très-longues et dures, de la couronne de Notre-Seigneur.

On y voit aussi un morceau du vêtement de la Sainte-Vierge, le doigt que saint Thomas mit dans les plaies de Jésus et l'on se souvient de la parole du Divin Maitre : Heureux ceux qui n'ont pas vu et qui ont cru !

Enfin, le long du maitre-autel est étendu un des bras, presque intact, de la croix du bon larron.

Après nous être fait délivrer quelques fac-simile du clou de la Passion et des gravures reproduisant le titre de la vraie Croix, nous allons visiter Sainte-Marie Majeure.

Sur la place une belle colonne d'ordre corinthien, cannelée en marbre blanc, provenant de l'ancienne basilique de Constantin au Forum, et portant sur son chapiteau la statue en bronze de la sainte Vierge, fut élevée par le pape Paul V, en 1631. Sur le côté, nous contemplons le monument commémoratif de l'abjuration d'Henri IV. Profitons de la circonstance pour protester contre une calomnie historique trop facilement accréditée. Jamais le bon roi Henri n'a dit : « Paris vaut bien une Messe. » Jamais ce blasphème n'est sorti des lèvres du Béarnais qui ne fit pas un marché honteux et ne prononça pas ce propos impie, lorsque son grand cœur le poussa vers la vérité religieuse. Henri IV comprenait trop ses devoirs de prince et d'homme d'honneur pour acheter une couronne au prix d'une hypocrisie. Son abjuration fut un acte de courage et de sagesse et non point une lâcheté et une perfidie.

La basilique de Sainte-Marie Majeure fut érigée par le patricien Jean, sous le pontificat de Libère.

Quatre portes ornent le portique que surmonte la loggia, d'où le Souverain-Pontife donnait la bénédiction le jour de l'Assomption ; l'une d'elles, à gauche, est celle du Jubilé, et par conséquent ne sert pas au public. La façade est parée d'une mosaïque à deux compartiments qui date de la primitive Basilique. Dans le compartiment supérieur est Jésus-Christ, assis sur un trône, bénissant les fidèles et tenant, de la main gauche, un livre d'où se détache cette inscription : *Ego sum lux mundi*. Quatre Anges entourent la gloire du Christ parsemée d'étoiles : au sommet, les symboles des Évangélistes et plus bas, sur la même ligne que Notre Seigneur, saint Jacques, saint Paul, la Sainte Vierge, saint Jean-Baptiste, saint Pierre et saint André ; un apôtre occupe la place de chaque angle. Le compartiment inférieur représente l'histoire même de la Basilique et du miracle de la neige par lequel la sainte Vierge désigna l'emplacement de cette église qui s'appela d'abord Sainte-Marie-aux-Neiges.

L'intérieur est divisé en trois nefs par 44 colonnes ioniques en marbre blanc. Le plafond, œuvre de Giul. da San Gallo. est éblouissant, mais le plus beau plafond ne vaut pas, à mon avis, la plus humble des voûtes. Le baldaquin en bronze doré, avec l'autel papal et ses colonnes en porphyre palmées de bronze, est d'un très-bel effet. Devant le baldaquin est la confession de saint Mathias, que Pie IX a fait construire avec les marbres les plus précieux. On prétend que le Saint-Père a désigné cet endroit pour son tombeau.

Dieu veuille conserver encore longtemps à l'Église le saint Pontife pour lequel prie avec tant d'amour l'univers catholique !

La chapelle Sixtine, avec l'autel du Saint-Sacrement dont le Tabernacle en bronze doré représente une basilique portée par quatre Anges, est de toute beauté.

On descend par un riche escalier dans la chapelle souterraine où était autrefois la Crèche, mais le Pape, par un sentiment de dévotion, a fait transporter au Vatican le berceau de l'Enfant Divin autour duquel nous espérions pouvoir prier.

La chapelle Borghèse est certainement le plus splendide sanctuaire élevé à Marie. L'image miraculeuse de la Mère de Dieu peinte sur bois de cèdre par saint Luc y apparait enchâssée au milieu de pierreries. Colonnes de jaspe, piédestaux et frises en agathe, fond de lapis-lazuli, porphyre et marbre blanc, décorent l'autel de la Très-Sainte Vierge, dont le triomphe est célébré dans les concavités de la coupole par le pinceau de Guido Reni. Les fresques, peintures et mosaïques de Sainte-Marie-Majeure ravissent nos regards, celles de la nef et du grand arc sont une protestation du ve siècle contre les abominables blasphèmes de Nestorius.

Les tombeaux de Sixte-Quint et de Pie V, — ce nom évoque le souvenir de la victoire de Lépante sur les musulmans, — garnissent à droite et à gauche les côtés de la chapelle Sixtine ; ceux de Clément VIII et de Paul V se trouvent dans la chapelle Borghèse, ceux de Clément IX et de Nicolas IV, à l'entrée de la grande nef.

Nous sortons de la basilique par la façade qui donne sur la via delle quattro fontane (voie des quatre fontaines.) Nous passons auprès de l'obélisque de Sixte-Quint, provenant du mausolée d'Auguste, et nous nous dirigeons vers la prison Mamertine. située au bas du Capitole.

au-dessous de l'église Saint-Pierre-in-carcere, où l'on vénère un Crucifix miraculeux.

La prison Mamertine, construite l'an 640 avant Jésus-Christ, est composée de deux étages.

Les pozzi du palais Ducal, à Venise, sont un séjour enviable comparés à la prison Mamertine. Le cachot inférieur, froid et absolument obscur, où l'eau suinte à travers les murs de pierres de taille qui le garnissent de toutes parts, est horrible à voir. Il n'a ni porte, ni fenêtre, et l'on n'y pénétrait que par un trou circulaire percé au milieu de la voûte, qui sépare les deux étages de ce souterrain funèbre.

C'est par ce trou à peine assez large pour le passage du corps d'un homme, que les captifs voués aux gémonies étaient précipités dans le cachot où tant de sang et tant de larmes ont attesté la barbarie païenne.

Notre ancêtre Vercingétorix, le fier Gaulois, a été égorgé en ces lieux sur les ordres de César, cruel dans sa victoire sur un ennemi aussi vaillant que malheureux.

C'est là, dans cette fosse creusée à côté des égoûts de la vieille Rome, que furent enfermés et enchaînés, durant plus de huit mois, saint Pierre et saint Paul avant de marcher au supplice. La colonne où saint Pierre fut attaché existe encore.

A cinquante centimètres de cette colonne que les pèlerins s'empressent d'embrasser, coule la source qui jaillit sur la prière du Prince des Apôtres, demandant à Dieu l'eau nécessaire pour baptiser deux de ses gardiens convertis, Processus et Martinien, et d'autres néophytes, parmi lesquels quarante-sept prisonniers, reçurent le baptême durant le séjour des Saints. Nous buvons à cette fontaine et nous prions devant l'autel dont le bas-relief rappelle le miracle par lequel Dieu permit à saint Pierre dans les fers, de conquérir à la liberté du salut les âmes mêmes de ses geôliers.

On voit aussi le long de l'escalier moderne, pratiqué entre les deux cachots par les soins de Mgr de Forbin-Janson, la pierre sur laquelle saint Pierre heurta à la suite d'un soufflet donné par un de ses bourreaux.

La pierre, moins dure que le cœur de ces scélérats, a gardé la trace de ce choc; elle porte l'empreinte du visage du Martyr.

---

30 avril.

La prison Mamertine! J'y priais hier, j'y prie aujourd'hui, j'y prierai demain. Oh! Quels sujets de méditations saintes qu'une Messe dans cet in-pace où le Pèlerin reçoit le Dieu pour lequel saint Pierre, saint Paul et tant de milliers de victimes sont morts avec l'indomptable courage de la Foi chrétienne!

De la prison Mamertine à la Basilique de Saint-Paul hors les murs, il y a loin ; il faut franchir l'enceinte de Rome par la porte d'Ostie.

Nous suivons le chemin que prirent saint Pierre et saint Paul se rendant de la prison Mamertine au dernier supplice. La chapelle du Sauveur rappelle l'endroit où sainte Plautille, patricienne de Rome, était venue pour voir passer l'Apôtre des nations qui, l'apercevant en pleurs, lui demanda son voile pour s'en couvrir les yeux au moment de la décollation. Tout près, et toujours à gauche de la voie, est la chapelle de la suprême séparation, au moment où saint Pierre se dirigea vers le Janicule, tandis que saint Paul continua sa route vers les eaux Salviennes. Sur la façade de cet oratoire on lit une inscription bien simple et bien émouvante que nous traduisons : « En ce lieu se séparèrent saint Pierre et saint Paul allant au martyre. Paul dit à Pierre :

Que la paix soit avec toi, fondement de l'Eglise et Pasteur de tous les agneaux de Jésus-Christ. Et Pierre dit à Paul : Va en paix, prédicateur des bons et guide des justes dans la voie du salut. »

Que l'éloquence antique est froide et petite à côté de cette notice écrite comme un verset de l'Évangile !

Nous arrivons bientôt aux eaux Salviennes, à l'emplacement même où Lucine, noble dame romaine, avait déposé les reliques de l'Apôtre.

La chapelle d'Anaclet a disparu ainsi que l'église élevée par Constantin, agrandie par trois de ses successeurs, et par plusieurs Papes. Un incendie détruisit, en 1823, l'ancienne basilique Ostienne, mais les reliques, la Confession, l'abside, les chapelles du Saint-Sacrement et du Crucifix existent encore. Léon XII en entreprit la restauration poursuivie par Grégoire XVI et achevée par Pie IX, à qui en revient le principal honneur. Le 10 décembre 1854, le Saint-Père procédait à la consécration de l'édifice relevé de ses ruines, et il était entouré de 185 cardinaux, archevêques et évêques venus de tous les points du monde pour assister à la proclamation du dogme de l'Immaculée Conception. Ce fait mémorable est inscrit sur les grandes tables de marbre encadrées dans l'abside, et où l'on peut lire les noms de tous les prélats au-dessous de celui du Souverain-Pontife.

L'intérieur du monument contraste par sa magnificence avec l'extérieur. Les cinq nefs sont séparées par quatre-vingts colonnes corinthiennes. Le plafond à caissons aux armes de Pie IX et de Grégoire XVI, est enrichi d'ornements dorés sur fond d'argent. Deux gros piliers en granit du Simplon, comme les colonnes, supportent le grand arc. A l'extrémité de la nef principale sont placées les statues des saints Pierre et Paul. La Confession de saint Timothée, dont les reliques sont conservées sous l'autel, est superbe. Tout près est le maître-autel papal, avec un baldaquin gothique à quatre colonnes de porphyre rouge, et surmonté lui-même d'un baldaquin-renaissance dont les colonnes en albâtre oriental, à nuance tigrée, sont aussi transparentes que finement polies. Ces colonnes reposent sur des bases en malachite. Le corps de saint Paul est sous le maître-autel et se trouve ainsi voisin de celui de son cher disciple saint Timothée. Nous nous prosternons un instant; nous admirons ensuite le transept avec ses autels recouverts de malachite, l'abside avec ses marbres, ses peintures, ses mosaïques dont la principale représente Notre-Seigneur, les douze Apôtres debout et Honorius III agenouillé. Dans la chapelle où Monseigneur dit la Messe, nous voyons le Crucifix qui parla à sainte Brigitte et l'image de la Très-Sainte Vierge devant laquelle saint Ignace fit sa profession.

Nous avons pu visiter le cloître, joli spécimen de l'architecture du XIIIe siècle. Le Trésor est riche en précieuses reliques parmi lesquelles un bras de sainte Anne, la Patronne de la Bretagne, et les chaînes de saint Paul. En rentrant dans l'Église nous réparons un oubli et nous contemplons une frise de médaillons en mosaïque contenant 258 portraits de Papes ; 40 de ces portraits appartenaient à l'ancienne Basilique.

De Saint-Pierre-hors-les-Murs à Saint-Paul-aux-trois-Fontaines, il y a environ deux milles. Les voitures nous conduisent à la porte de l'enclos qui entoure la propriété des Religieux préposés au service de la chapelle. Parmi ceux-ci les Pèlerins rencontrent avec joie un Breton de Saint-Gildas. Ces Religieux ont, par un travail persévérant et intelligemment conduit, fertilisé et assaini un terrain tellement ingrat et insalubre, qu'il n'a pas tenté la cupidité piémontaise.

La chapelle a été bâtie sur le lieu où saint Paul, citoyen romain, fut décapité, et les trois fontaines, qui jaillirent miraculeusement, indiquent les trois bonds que fit sur le sol la tête de l'Apôtre. La colonne du supplice est à côté.

Dans le même enclos est l'oratoire qui renferme les ossements de dix mille chrétiens massacrés sous le tyran Dioclétien, dont la mémoire infâme est poursuivie par l'exécration des honnêtes gens de tous les siècles.

La course a été longue : nous nous arrêtons cependant au retour devant un prétendu temple de Vesta, devenu l'église Sainte-Marie-del-sole. L'édifice circulaire soutenu par des colonnes, n'a rien de remarquable ; non loin est la *bucca della veritate*, la bouche de vérité dans laquelle je mets bravement mon poing pour prouver qu'un journaliste ne ment jamais. Si je n'avais toujours dit la vérité, mon bras serait resté en gage, d'après les racontars populaires. C'eût été pis qu'une poursuite pour fausse nouvelle. Après un dîner pris à la hâte, je pars avec quelques volontaires du Pèlerinage pour suppléer à l'absence d'un itinéraire officiel. Monseigneur doit être reçu ce soir par le Saint-Père, et il a annoncé son intention de conserver sa liberté pour une demi-journée.

Nous nous rendons d'abord à Sta-Maria-ad-Martyres, ancien Panthéon d'Agrippa, situé entre le Corso et la place Navone. Ce monument, qui est un type très-réussi de l'ancienne architecture Romaine, n'est éclairé par aucune fenêtre. Dans sa vaste voûte de pierre est pratiquée une ouverture circulaire par où le jour pénètre. Le pavé en porphyre et en marbre s'abaisse vers le centre pour l'écoulement de l'eau pluviale. J'avoue que selon moi, cette disposition de construction est plus originale que louable. Le portique compte seize colonnes de granit d'un seul bloc, et sa porte de bronze est celle du Panthéon de jadis. Dans ce lieu où étaient entassées toutes les honteuses divinités du paganisme, sont déposés, depuis le pontificat de Boniface IV, les ossements de nombreux Martyrs, et l'image miraculeuse de la Très-Sainte Vierge rayonne dans cet ex-repaire de l'idolâtrie, rendu au culte du vrai Dieu.

La rotonde du Panthéon renferme plusieurs tombeaux d'artistes notamment celui de Raphaël.

Nous nous dirigeons ensuite vers le Transtevère, nous traversons le quartier des Juifs, aux allures plus pittoresques qu'honnêtes. Cette population a un air sordide et déguenillé qui fait qu'à minuit on mettrait volontiers un revolver entre un interlocuteur du Ghetto et soi.

Santa-Maria-in-Transtevère, la plus vieille église de Rome bâtie en l'honneur de la Mère du Sauveur, possède des mosaïques curieuses et des inscriptions variées. Les Vierges sages et les Vierges folles décorent la façade, sur le milieu de laquelle est représentée la Très-Sainte Vierge offrant le sein à l'Enfant Jésus. Près de la chapelle des fonts baptismaux se trouve une ouverture ronde garnie d'une grille, avec cette inscription : « D'ici coula une fontaine d'huile lorsque le Christ naquit de la Vierge ». On conserve, fixée au pilier voisin, la pierre avec laquelle le pape Calixte fut jeté dans le puits de l'église qu'il avait consacrée en 224. Au-dessus de cette pierre on en voit une autre tachée du sang de sainte Dorothée. Saint Jules et saint Corneille reposent sous le maître-autel avec leur prédécesseur saint Calixte, dont le trône en marbre blanc est placé au fond de l'abside.

L'église de sainte Cécile est voisine de Santa-Maria in Transtevère ; elle fut construite par Urbain Ier, sur l'emplacement même de la maison de la Sainte.

Une grande cour précède l'entrée. Le caldarium, (ancienne salle des bains) qui se trouve dans la nef latérale à droite, fut le théâtre du supplice et de la mort de sainte Cécile. On y garde la pierre où la Martyre fut étendue et resta trois jours baignée dans le sang qui s'échappait de ses blessures. Le corps de cette vierge héroïque avait d'abord été porté dans les Catacombes de saint Calixte par le pape Urbain. Il fut miraculeusement retrouvé par le pape Pascal Ier, et déposé, le jour même de la dédicace de l'église, sous le maître-autel. En 1599, le cardinal Paul-Emile Sfondrato, fit construire la niche oblongue incrustée d'onyx, de lapis lazuli et des marbres les plus rares. Au centre de la Confession, on peut admirer la statue due au ciseau d'Etienne Maderne représentant avec une poignante fidélité la Sainte telle qu'elle fut couchée dans son sépulcre au cimetière Saint-Sixte.

Une riche balustrade à laquelle sont suspendues de nombreuses lampes brûlant jour et nuit entoure ce Sanctuaire. Sur le pavé, qui est en très-belle marqueterie, on lit au milieu d'une plaque de marbre noir, ces mots gravés en lettres d'or : « Sous cet autel qui leur est consacré, reposent les corps des martyrs Cécile, vierge ; Valérien, Tiburce et Maxime ses compagnons, Lucius et Urbain. »

Dans le fond du chœur est un antique siége épiscopal en marbre qui a été retiré des Catacombes de Saint-Calixte. Une coupe contenant des linges imprégnés du sang de sainte Cécile, est dans la crypte souterraine l'objet de la respectueuse attention des Pèlerins.

Nous quittons le Transtévère et nous allons à Santa Maria in arâ Cœli ; nous sommes tout près du Capitole, mais c'est assez d'avoir vu une fois ces débris de la Rome païenne.

Un escalier de 124 marches nous conduit devant la porte de l'église dans laquelle on vénère la statue du *Santissimo Bambino*. Cette statue haute de 60 centimètres, et dont le bois proviendrait, dit-on, d'un arbre du Jardin des Oliviers, aurait été sculptée au XVIe siècle par un P. Franciscain. Elle est couverte de soie blanche ornée de perles, de diamants et autres pierres fines offerts en ex-voto. Le peuple romain a la plus grande dévotion envers le *Santissimo Bambino*.

La chapelle circulaire de Sainte-Hélène contient, dans une urne de porphyre qui forme l'autel, le corps de la pieuse mère de Constantin. Santa Maria in arâ Cœli tire son nom de la légende d'après laquelle la Très-Sainte Vierge Marie, tenant son fils entre ses bras, se fit voir à Auguste dans le Ciel, au milieu d'un cercle d'or. Une voix disait à l'empereur : « C'est ici l'Autel du Fils de Dieu. »

D'autres auteurs racontent le même fait avec quelques variantes. Auguste consulta l'oracle d'Apollon pour savoir quel serait après lui le maitre du monde; l'hécatombe fut offerte, mais aucune réponse n'eut lieu. Le sacrifice recommença et alors Apollon rendit cet oracle : « Un enfant hébreu, Dieu lui-même et maitre des dieux, me force à quitter la place et à rentrer tristement dans les enfers. Désormais, retire-toi donc sans réponse de mes autels. » Auguste suivit le conseil, qui était excellent, et sur l'emplacement du temple de Jupiter capitolin, fit bâtir un autel à l'Enfant-Dieu avec cette inscription : *Ara primogeniti Dei*; *Autel du premier-né de Dieu.* » La légende n'est peut-être que l'image exacte de l'attente qui précéda la venue du Messie, même parmi les païens, attente constatée par les historiens et les poëtes.

Quant à l'oracle, c'est la première fois qu'il n'aurait pas menti, et je crois, à moins d'un miracle, que cela tient à ce qu'on l'a fait parler après coup.

De l'Ara Cœli, nous allons à Sainte-Marie-in-via-latà, tout près du Corso.

L'église, très-antique, a trois nefs ; l'intérieur fut décoré par Cosme de Bergame qui recouvrit en jaspe de Sicile les vieilles colonnes de marbre. Parmi les peintures on montre l'une des sept images de la Sainte Vierge attribuée à saint Luc et devant laquelle s'opéra au VIIIe siècle une guérison célèbre.

L'église souterraine, dans laquelle on descend par deux escaliers s'ouvrant sur le porche supérieur, est la maison de Martial qui, avant de se convertir, fut le geôlier de saint Paul. Cette maison servit de prison à l'Apôtre arrivant d'Asie ; il y passa deux ans, attaché par une chaîne au bras d'un soldat, y continuant, avec autant de fruit que de courage, ses éloquentes prédications à de nombreux fidèles, sans en excepter les courtisans et parents de l'exécrable Néron, qui venaient le visiter, et portant, par ses admirables épîtres, la Parole de Dieu dans tout l'univers. La prison qui a été transformée en deux chapelles, rappelle, par ses inscriptions et ses fresques, les touchants travaux de cette captivité partagée par saint Pierre, saint Luc, saint Timothée et autres chrétiens jetés dans les fers pour la Foi.

Comme, dans la prison Mamertine une fontaine jaillit à la prière de saint Pierre, de même une source a jailli à la prière de saint Paul qui put baptiser ainsi Martial et plusieurs autres catéchumènes. Les Romains, poussés par un religieux sentiment, viennent, pendant l'octave des Saints Apôtres, se désaltérer à cette source dont l'eau reste toujours au même niveau.

Il est temps de nous arrêter aujourd'hui. Nous rentrons à l'hôtel de la Minerve et nous y trouvons les Pèlerins de la Savoie avec les Évêques de Tarentaise et de St-Jean-de-Maurienne. Ils sont joyeux ; ils ont vu le bien-aimé Pie IX qui leur a adressé un splendide discours, dont l'analyse vole de bouche en bouche, ainsi que les bonnes nouvelles sur la santé du Saint-Père.

Le soir à sept heures, Monseigneur David, accompagné de MM. Frelaut-Ducours, vicaire-général, Prud'homme, doyen du chapitre, Michel, secrétaire de l'Évêché, se rendait en audience particulière au Vatican, pour déposer délicatement aux pieds de Sa Sainteté, le riche denier des *bons Bretons* et pour offrir ses respectueux hommages d'arrivée. Le Pape était assis à son bureau, dans une chambre modeste; il reçut avec une bonté particulière notre Évêque et les prêtres qui étaient avec Sa Grandeur. Une heure après, Monseigneur David retournait radieux au milieu de ses Pèlerins, et les convoquait pour le surlendemain 2 mai, à midi, sous le portique de Saint-Pierre.

1er mai.

Nous avons jusqu'à présent suivi jour par jour la marche du Pèlerinage. Il nous serait difficile de continuer cet ordre de récit, car chacun de nous, après les premières excursions dans Rome a parcouru en sens divers la Ville Éternelle, tous allant au gré de leurs désirs, et dès lors personne ne pouvant se plaindre.

Essayer de décrire d'après nos notes la Basilique Vaticane serait d'une témérité inconvenante, et la conscience de notre insuffisance nous préserverait de cette témérité, à l'abri de laquelle nous met d'ailleurs le sentiment de profond respect qui guide notre plume. Nous avons pu, à l'aide de notre carnet de route contrôlé par les indications du chanoine de Bleser et autres guides, esquisser la physionomie des églises superbes que nous avons visitées de Turin à Rome, mais en face de Saint-Pierre, nous aimerions à nous taire pour admirer. Il faut bien cependant que notre admiration ne soit pas muette. Aux livres écrits sur ce monument sans pareil de la Foi catholique, joignons donc modestement ces quelques pages.

La place Saint-Pierre, de forme elliptique, a 196 mètres de large. Elle est garnie de la colonnade du Bernin, qui se compose de quatre rangées de colonnes formant trois allées, dont celle du milieu est assez large pour laisser passer deux voitures de front. La balustrade qui surmonte ces 281 colonnes et les 64 pilastres d'ordre dorique et toscan, d'une élévation d'environ 20 mètres, est couronnée de 192 statues de Saints de 12 pieds de hauteur. Au centre de la place l'obélisque transporté d'Héliopolis par Caligula, la brute impériale, et dressé par Fontana sur les ordres de Sixte V ; des deux côtés, les deux fontaines par Charles Maderne, dont le dessin est du meilleur goût.

La place elliptique est continuée par une autre en forme de trapèze, qui va en s'élargissant du côté de la Basilique ; elle aboutit par un plan incliné au vaste escalier du portique immense. Au bas de l'escalier on voit, à droite, la statue de saint Pierre, à gauche, celle de saint Paul, toutes deux colossales et érigées par Pie IX.

La façade de Saint-Pierre, par Maderne, a 117 mètres de largeur et 50 mètres de hauteur. Huit colonnes et quatre pilastres supportent un attique. Chaque colonne a 28 mètres 58 de hauteur et 2 mètres 73 centimètres de diamètre. Vues de l'obélisque, elles paraissent petites. Treize statues, Notre-Seigneur et les Apôtres, ornent l'attique ; elles ont 5 mètres de hauteur. Sur la frise on lit que c'est à Paul V qu'est due cette partie de la Basilique. Dans la galerie supérieure est la loggia d'où le Saint-Père donnait la bénédiction apostolique, *urbi et orbi*, le Jeudi-

Saint et le jour de Pâques. Aux extrémités de la façade sont deux horloges dont l'une marque les heures à l'italienne.

Au fond du superbe portique à cinq portes, qui a près de 143 mètres de long sur plus de 15 mètres de large, se trouvent à droite la statue équestre de Constantin, à gauche, celle de Charlemagne. Le premier empereur chrétien à côté du plus chrétien des empereurs; Rome et la France, unies pour la gloire de Dieu et la grandeur de l'Eglise, voilà ce que signifient ces deux statues.

Je remarque la mosaïque de la *Navicella* (la barque de Pierre) reproduction de la mosaïque dessinée par Giotto en 1298.

Cinq portes donnent accès dans la Basilique; celle du milieu, autrefois en argent, est aujourd'hui en bronze. D'éminents artistes florentins ont travaillé douze ans à cette œuvre dont voici les sujets: Notre-Seigneur, la Sainte-Vierge, saint Paul, saint Pierre. Je m'abstiens d'entrer dans les détails. Le bas-relief du Bernin, au-dessus de l'entrée, représente le Christ remettant au Prince des Apôtres les clefs du Royaume des Cieux. La *porta sancta*, ou du Jubilé, est murée ; elle ne s'ouvre que tous les vingt-cinq ans sous le marteau d'argent du Souverain-Pontife. Trois inscriptions, dont un éloge en vers composé par Charlemagne, en l'honneur d'Adrien Ier, sont gravées sur les murs du portique.

Pénétrons dans l'intérieur du monument.

La longueur de l'église Saint-Pierre est de 187 mètres, celle du transept de 137 mètres, la grande nef mesure 45 mètres 47 de hauteur et 25 de largeur; les pilastres de cette nef ont 24 mètres de hauteur et leur base 4 mètres de largeur; la coupole a 117 mètres de hauteur: les piliers qui la supportent. 19 mètres à leur plus grande largeur.

Ces chiffres suppléent avec avantage à toute description sur le caractère grandiose de la Basilique-reine, devant laquelle les plus grandes églises de tous pays semblent et sont petites.

En entrant, deux anges *enfantins*, dit mon guide, soutiennent les coquilles des bénitiers; ces statues *enfantines* en marbre blanc ont 6 pieds, la taille des géants.

Entre les pilastres de la nef du milieu règnent deux rangs de niches destinées à recevoir les statues des fondateurs d'Ordres religieux. Sainte Thérèse, saint Vincent de Paul, saint Ignace, saint François de Paule occupent dignement leur place dans cette légion de la Sainteté.

Je marche depuis longtemps ; on dirait que la Basilique s'agrandit sous mes pas et fuit devant mes yeux comme un mirage.

Arrêtons-nous devant la statue de saint Pierre, faite avec le bronze de celle de Jupiter capitolin, comme pour marquer la victoire de l'Eglise sur l'idolâtrie païenne. Saint Léon fit ériger au ve siècle cette statue en action de grâces de la délivrance de Rome, lors de l'invasion du barbare Attila.

Les lèvres des fidèles, rois, papes, cardinaux, évêques, de tous les temps et de tous les lieux, se sont posées sur le pied de la statue, et Charlemagne, ainsi que le plus humble de nous, n'a pas manqué de baiser ce bronze sacré, et de s'agenouiller devant Pierre, le pêcheur d'hommes.

Nous sommes enfin sous la coupole qui a 42 mètres 20 centimètres de diamètre.

Dans les piliers qui la soutiennent, sont quatre statues colossales : saint Longin tenant la lance avec laquelle il perça le côté du Sauveur, par le Bernin ; sainte Hélène, la croix à la main et montrant les clous de la Passion, par Bolgio ; sainte Véronique étendant le Saint Suaire, par Mochi ; saint André, par François du Quesnoy. Au-dessus de chaque statue est représenté, en mosaïque, un des quatre Evangélistes; chaque médaillon a 7 mètres; la plume de saint Luc mesure six pieds. Quatre autres balcons supérieurs sont ornés de deux colonnes torses, restes de l'ancienne Basilique.

Dans la niche qui surmonte la statue de sainte Véronique, on conserve les grandes reliques du *Volto Santo*, Saint Suaire, de la Sainte Croix et le fer de la lance de saint Longin ; le chef de saint André est dans la niche au-dessus de la statue de sainte Hélène.

Sur la frise à fond de mosaïque d'or se détachent en caractères bleus, de six pieds de hauteur, l'inscription suivante: « *Tu es Petrus et super hanc petram ædificabo Ecclesiam meam et tibi dabo claves Cœlorum.* » Une rangée de fenêtres sépare la balustrade de la seconde voûte divisée en 16 compartiments concaves remplis de stucs dorés et de mosaïques figurant les portraits de saints Evêques et de Pontifes, Jésus, Marie, saint Jean-Baptiste, saint Paul et les douze Apôtres; des Anges portant les instruments de la Passion, des chœurs d'Anges, de Chérubins et de Séraphins.

La coupole est une merveille d'harmonie et d'audace architecturale avec ses arcs d'une hardiesse permise seulement à Michel-Ange.

Et maintenant que nous avons élevé nos yeux et nos pensées vers le Ciel, méditons sur la voie qui y conduit.

Voici la Confession autour de laquelle brûlent trois lampes. Descendons le double escalier au bas duquel est la statue de Pie VI par Canova. Le saint Pontife, qui est enterré en ce lieu si vénéré, est représenté priant devant les reliques du premier des Papes. La grille dorée, entourée de quatre colonnes d'albâtre oriental, s'ouvre. — A genoux! Nous sommes devant le Tombeau des Apôtres, dont les abords sont ornés des marbres les plus riches et des statues en bronze doré de saint Pierre et de saint Paul. L'oratoire d'Anaclet est devenu la plus belle église du monde; les douze paniers de terre jetés là par Constantin, de ses propres mains, en l'honneur des Apôtres, pour expier ses persécutions contre les Saints, en indiquant ainsi la place de la Basilique, se sont transformés peu à peu en cet immense vaisseau qui est le chef-d'œuvre de l'univers. L'empire romain s'est écroulé dans la boue et le crime; sur les ruines du cirque de l'infâme Néron, Rome chrétienne a surgi et le sang des Martyrs a été une semence de civilisation artistique en même temps qu'une moisson de salut.

L'autel papal est placé au-dessus de la Confession sur sept degrés de marbre. Le baldaquin en bronze doré est soutenu par quatre colonnes torses d'ordre composite de même métal avec guirlandes dorées; il a 42 mètres de hauteur. Aux quatre angles sont quatre statues d'Anges aux dimensions grandioses. Un globe, surmonté d'une croix, couronne la garniture du baldaquin au sommet duquel deux Anges, l'un assis, l'autre volant, tiennent la tiare et les clefs pontificales. Le baldaquin fait honneur à Bernin.

Dans le fond de l'abside est l'autel consacré à la Vierge et à tous les saints Papes. Au-dessus se trouve le trône magnifique renfermant la chaire en bois de chêne, avec incrustations d'ivoire, qui servit à saint Pierre, et qui est portée par deux docteurs de l'église latine (saint Ambroise et saint Augustin), et deux docteurs de l'église orientale (saint Athanase et saint Jean Chrysostôme). La tiare, portée par deux Anges, domine le siége du haut duquel saint Pierre enseigna la Parole de Jésus-Christ.

A droite de la Confession est la salle du Concile qui occupe tout le transept; à gauche, le grand pénitencier, tout garni de confessionnaux, où les étrangers des diverses nations sont sûrs de trouver un prêtre comprenant leur langue.

Il faudrait dépasser complètement les limites de ce travail pour énumérer les beautés et les richesses de la Basilique, il faudrait s'arrêter devant chaque tombeau, devant chaque mosaïque reproduisant un tableau de maître, avec une perfection qui étonne et ravit. Sous peine de ne pas tomber dans des omissions regrettables, il serait indispensable d'entrer dans de longues et spéciales descriptions. Des ouvrages très-exacts ont été écrits sur Saint-Pierre de Rome; j'y renvoie mes lecteurs, me bornant à leur signaler surtout parmi les marbres la *Pietà* par Michel-Ange.

Je monte à la coupole, ou plutôt à la grande coupole (car il y a dix petites coupoles, sans compter celle-ci, à couronner la Basilique.) Des deux balustrades intérieures, je comprends mieux l'harmonie à la fois si saisissante et si régulière de l'édifice dans son ensemble et dans ses détails. Les lois de la perspective sont minutieusement observées, car tout ici est gigantesque, et d'en bas tout apparait dans les proportions naturelles.

De la plateforme on a une vue splendide sur la ville de Rome et la campagne romaine. L'horizon s'étend jusqu'à la mer. Je me hisse la boule de la lanterne et je redescends plus vite que je ne suis monté.

De Saint-Pierre de Rome, je me rends à Saint-Pierre in Montorio; cette petite église, dont le site est aussi gracieux qu'élevé, abonde en vieilles fresques et mosaïques; dans la cour du cloitre contigu, Bramante a élevé un péristyle de seize colonnes doriques en granit noir où deux chapelles sont superposées; à la chapelle souterraine une lampe brûle sans cesse dans le trou où fut plantée la croix de saint Pierre. Un Religieux retire de cette fosse et donne aux Pèlerins une pincée du sable jaune qu'ils emportent comme un souvenir.

Du Janicule nous allons à Saint-Pierre-aux-liens, sur le mont Esquilin.

On possède dans la Basilique élevée par la pieuse impératrice Eudoxie, les chaînes dont saint Pierre était garotté à Jérusalem lorsqu'il fut délivré par l'Ange et celles dont on l'enchaina à Rome. Ces dernières s'unirent miraculeusement à celles qu'on porta d'Orient, mais qu'on distingue par la grosseur et par la structure. A l'un des bouts de la chaine unie on voit les entraves ; l'autre bout est terminé par un fer qui dut être fixé dans la muraille.

On a toujours eu une grande vénération pour ces reliques. Les monarques s'honoraient de recevoir des Papes une petite clef d'or renfermant un peu de limaille de ces chaines, qui sont conservées à la sacristie, dans un meuble admirablement ciselé par Pollaioli.

Un prêtre, après avoir revêtu un surplis et allumé des cierges, nous a passé autour du cou ces liens sur lesquels nos lèvres se sont posées, comme sur les fers de saint Paul, en signe de vénération.

L'église de Saint-Pierre-aux-liens était en réparation ; on y construisait l'autel monumental destiné à renfermer les chaînes du Prince des Apôtres. Détail touchant : cet autel, chef d'œuvre du comte Virginio Vespignani, a été commencé l'année dernière sous les auspices du cardinal Ledochowski, un illustre confesseur de la Foi Polonaise, dont la voix autorisée proteste contre les violences prussiennes. Cet autel est élevé avec le produit des aumônes versées par les nombreux fidèles qui ont voulu porter comme ornement les chaînes de saint Pierre.

Tandis que les révolutionnaires, après 1860, prenaient l'habitude de porter des chaînes de montre en acier avec une petite bombe Orsini, un pieux Romain eut l'idée de faire fabriquer des chaînes du même genre à l'imitation de celles de saint Pierre. Le Pape encouragea cette pensée, de telle sorte qu'à Rome et à l'étranger l'habitude se répandit de porter ces nouvelles chaînes de montre, qui firent oublier celles d'Orsini. Ce qui rend les chaînes romaines encore plus précieuses, c'est le soin qu'on a de leur faire toucher celles de saint Pierre.

A l'église St-Pierre-aux-liens, se trouve le Moïse, œuvre très-vantée de Michel-Ange.

C'est aujourd'hui le premier jour du Mois de Marie. Nous entrons au Gesù. Un Père y prêche très-bien à en juger par le recueillement de l'assistance ; il n'est pas en chaire mais sur une estrade, où il se promène de long en large ; il n'a pas de surplis. Les autels qui contiennent les corps de saint François Xavier et de saint Ignace, sont superbes ; les tombeaux du V. Pignatelli, à droite du maître-autel. et celui du V. cardinal Bellarmin, à gauche méritent aussi des éloges.

Le globe que tient le Père Éternel dans le groupe en marbre de la Très-Sainte Trinité, placé au milieu du fronton de l'autel de saint Ignace, est le plus gros morceau de lapis-lazuli qu'on connaisse.

Du Gesù, nous allons à Saint-Louis des Français. Le nom indique le caractère national de cette église. Il y a deux ans, à peine, le diocèse était représenté à Saint-Louis par un de ses jeunes prêtres les plus distingués.

L'église est très-riche et ses trois nefs sont de style Français. Des tableaux et des fresques des grands maîtres, surtout du Dominiquin. Dans la première chapelle à gauche saint Mathieu par Michel-Ange attire les regards.

Nous nous agenouillons sur le monument érigé aux Français morts au siége de 1849 et pour la mémoire desquels le

Pape Pie IX a fondé une messe quotidienne. Comment ne pas aussi prier sur le tombeau du général de Pimodan, le magnanime commandant de l'infanterie Pontificale à Castelfidardo !

---

2 mai.

Nous allons avoir le bonheur aujourd'hui de voir le Saint-Père, et les heures nous paraissent longues. Tous les Pèlerins avaient tenu à sanctifier ce jour béni, et ils s'étaient dispersés dans les églises voisines ; puis ils s'étaient groupés auprès du Vatican.

En attendant le moment tant désiré de l'audience, il me semble opportun de conduire rapidement mes lecteurs dans ce Palais dont la plus chère merveille est l'auguste Captif de la Révolution.

Entrons par la colonnade à droite de la place Saint-Pierre, dans ce palais qui compte 20 cours, 4422 salons et 8 grands escaliers, dont deux magnifiques, la *scala Pia*, construit en 1860 sur les ordres de Pie IX, et la *scala regia;* auprès de ce dernier, œuvre de Bernin, est la statue équestre de Constantin-le-Grand.

Les galeries sont d'un luxe où la richesse ne fait pas tort au goût, et un ordre parfait a présidé au classement. Nous traversons la salle des animaux pavée en mosaïques antiques, et celle des bustes. Le fameux torse du Belvédère ne nous parait pas mériter tout l'enthousiasme de Michel-Ange qui s'en disait trop modestement l'élève.

La science du corps humain n'est pas tout dans l'art, et la souplesse du marbre ne suffit pas à notre idéal artistique. Cette réflexion nous poursuivait dans la cour du Belvédère, et l'*Apollon* n'est pas de nature à nous faire changer d'avis. Certes, c'est un garçon très-bien découplé que le tueur du serpent Python, mais il rappelle le proverbe : « Bête autant que beau. »

Et le sculpteur a représenté un de ses dieux ; jugez un peu des hommes ! Le Laocoon est plus digne de l'admiration de Michel-Ange. Ce groupe est mouvementé, et il reproduit, avec une savante précision, les grincements de la douleur. Cependant cette copie brutale du désespoir humain est-elle bien « un miracle de l'art ? »

Le ciseau antique a traduit la forme avec un soin fidèle, mais l'art n'est pas seulement une question de forme, et voilà pourquoi le génie catholique a distancé, et de beaucoup, le réalisme païen.

Les loges de Raphaël sont garnies de fresques avec sujets tirés de l'Ancien et du Nouveau-Testament ; mais qu'il y a loin, comme valeur, des loges aux quatre chambres de Raphaël, *stanze*, où nous arrivons par la salle de l'*Immaculée Conception* sur les murs de laquelle Pie

IX a fait représenter la discussion et la définition du dogme.

Les *stanze*, divisées en seize fresques, sont admirables ; cependant il faut distinguer entre elles, car la salle de Constantin a été exécutée par Jules Romain et autres élèves de Raphaël, mort à cette époque.

La *Dispute du Saint-Sacrement*, ou l'Église triomphante dans la gloire et l'Église militante dans la Foi et dans la science ; le *Miracle de Bolsena; Héliodore chassé du Temple; Attila arrêté par le pape saint Léon-le-Grand*; l'*Incendie du Bourg:* et surtout *saint Pierre délivré de sa prison;* voilà l'œuvre de Raphaël. L'effet de lumière dans la dernière fresque est un trait de génie.

Au troisième étage du Vatican se trouve la Pinacothèque, où l'on a réuni une petite quantité de tableaux (cinquante à peine), mais d'une valeur immense.

Dans la deuxième salle on contemple parmi les chefs-d'œuvres : *La Madone de Foligno*, par Raphaël, et la *Transfiguration*, la dernière œuvre qui sortit de ses mains et qu'on porta ensuite avec pompe derrière son cercueil.

L'art ici apparait dans sa plénitude et s'élève vers le Ciel, sa patrie. Il est éclairé d'un reflet de cette splendeur éblouissante qui entoura Notre-Seigneur, et, inondant la cime du Thabor, fit les Apôtres se voiler la face dans le ravissement de la beauté de Dieu.

En face de la *Transfiguration*, la *Communion de saint Jérôme*, par le Dominiquin est magnifique de vérité religieuse. C'est avec les yeux de son âme plus encore que les yeux de la chair où la flamme s'éteint que saint Jérôme, décharné, agonisant, contemple, en se soulevant, la sainte Hostie. Quelle joie céleste de mourant ! Le Dominiquin est ici l'émule et le voisin de gloire de Raphaël dont j'aime encore à citer les *Vertus théologales*, le

Couronnement de la Vierge. Murillo, le Pérugin, le Guerchin, Titien, Nicolas Poussin, Fra Angelico, le Corrège, P. Véronèse, le Guide, etc., se partagent ensuite notre admiration, mais il n'y a pas de honte à marcher après le Sanzio.

Je n'ai rien dit de la galerie des cartes géographiques, de la galerie des tapis sur dessins de Raphaël, des musées étrusque et égyptien, de la salle des Papyrus où se trouve un diplôme du moyen-âge, daté de l'an 449, de la bibliothèque qui compte 24,000 manuscrits et 50,000 volumes imprimés, et j'ai pour cela une excellente raison. Je n'écris pas un guide, et pour noter tout ce que j'ai vu, j'userais plus d'encre qu'il ne pourrait en contenir dans la tasse de porphyre (provenant des thermes de Titus) qui est au milieu de la salle ronde. Cette salle renferme dans des niches les statues des idoles et entre autres un Hercule en bronze doré. Comme contraste je cite l'Antinoüs.

Descendons à la chapelle Sixtine.

Les fresques qu'on y admire sur les parois latérales ont rapport à des sujets bibliques. Elles sont dues à de grands auteurs (le Pérugin, Botticelli, Domenico, Ghirlandajo, etc.) La voûte fut peinte en 22 mois par Michel-Ange (vers 1511) et on doit la regarder comme l'œuvre la plus considérable qui soit sortie de ses mains. Elle représente : la Préparation du monde à la naissance de Jésus-Christ. La création, le péché, les Prophètes, les Sibylles y apparaissent sous des groupes et des figures extraordinairement parfaites, tandis que la décoration et l'emménagement architectonique les réunissent tous dans un ensemble merveilleux. Sur le mur de l'autel Michel-Ange peignit 30 ans après (sous Paul III) le fameux *Jugement universel*, composition célèbre et digne de sa haute réputation.

LES
AUDIENCES DU S^T-PÈRE

Rome, 2 mai.

Vive Pie IX ! Vive le Saint-Père ! tel était le cri qui aurait retenti aujourd'hui sous les voûtes du Vatican si le respect n'eût rendu, bien à regret, notre silence obligatoire. Vive le bien-aimé Pie IX ! Que ce cri, du moins, trouve place dans ce livre comme un écho de tous nos cœurs de Pèlerins, comme l'expression fidèle des sentiments de notre catholique province !

A 11 h. 1/2, nous étions réunis sous le portique de la Basilique Saint-Pierre, et quelques instants après dans la belle salle du Consistoire.

Quand le Souverain-Pontife est entré, une émotion qu'on ne peut décrire a parcouru l'assistance très-nombreuse et très-recueillie.

Sa Sainteté est arrivée portée sur un fauteuil et précédée de ses gardes-nobles.

Le général Kanzler et onze cardinaux ont assisté à l'audience.

Le Pape a gravi avec peine les marches du trône et s'est assis en invitant les Pèlerins agenouillés à se relever.

Monseigneur David a prononcé le discours suivant qui traduit avec une cordiale éloquence les pensées, les désirs, la foi, l'amour de son diocèse :

« Très-Saint-Père,

» C'est la Bretagne qui se trouve aujourd'hui à vos pieds, cette antique Bretagne toujours jeune par sa Foi, par son inaltérable fidélité à la Chaire de Pierre, par son amour ardent et enthousiaste pour Votre Personne sacrée.

» Il est un nom, Très-Saint Père, qu'on ne prononce jamais sans faire tressaillir chez nous tous les cœurs ; les mères le mettent sur les lèvres de leurs enfants, après celui de Dieu : c'est le nom vénéré, le nom gravé en tête de tous les noms humains, le grand nom du Pape, le nom béni, aimé, admiré de Pie IX !

» Quand nous sommes venus, à travers sept à huit cents lieues, pour *voir Pierre*, ou plutôt Jésus-Christ dans Votre Personne, la Bretagne se levait sur notre passage, l'âme émue, les yeux humides. Chacun nous saluait, nous enviait, et nous disait : Combien vous êtes heureux ! Vous allez voir Pie IX, le Père de nos âmes, Celui dont le cœur est assez vaste pour contenir dans son affection ses enfants de toutes les parties du monde ; celui dont l'infaillible Parole est notre lumière et notre règle...

» Ah ! dites-lui que nos yeux sont tournés sans cesse vers lui, que nous souffrons de ses souffrances, que chaque injustice des hommes augmente notre amour ; car notre chère Bretagne, comme toute la France catholique, s'attache plus profondément par les épreuves de Votre Sainteté ; elle croit plus fermement à la puissance et à l'immortalité du Siége apostolique ; elle croit, et elle espère aussi ; elle espère le triomphe inévitable du Droit et de la Justice éternelle, et c'est de toutes les forces de notre Foi et de notre amour que nous aimons à faire monter vers Votre trône les paroles divines : *Tu es Petrus, et super hanc petram, ædificabo Ecclesiam meam et portæ inferi non prævalebunt adversus eam.*

» Tels sont nos sentiments, Très-Saint Père ; ce sont les meilleurs et les plus ardents de notre cœur à tous ; c'est l'âme même de mon diocèse qui palpite en les exprimant ; c'est l'âme des 1300 prêtres, mes bien-aimés et zélés coopérateurs ; c'est l'âme de ces hommes chrétiens qui tiennent si haut chez nous le drapeau de la Foi ; de ces femmes chrétiennes ici présentes, toujours prêtes à donner l'exemple des plus hautes vertus ; de ces Religieuses, dont quelques-unes voient aujourd'hui réalisé le rêve de toute leur vie, occupées sans cesse à l'oubli d'elles-mêmes pour ne voir que les pauvres à secourir, les malades à consoler, les enfants à instruire.

» Tous, tous ici, représentant 600,000 âmes d'un des plus vastes diocèses de France, nous vous disons : O Très-Saint Père, tout en nous vous appartient, nos esprits, nos cœurs, nos dévoûments, nos vœux, nos prières de chaque jour. Il n'en est pas un parmi ceux que vous voyez à vos pieds qui ne serait heureux de donner sa vie pour Vous.

» Ah, vivez, Très-Saint Père, vivez longtemps encore pour le bonheur, l'édification, l'admiration du Monde catholique ! C'est le vœu de votre Bretagne que vous aimez, à qui Votre Sainteté a donné une marque si spéciale de bienveillance, par les deux cardinaux Bretons (S. E. le cardinal-archevêque de Rennes, et S. E. le cardinal de Falloux) récemment nommés et dont nous sommes fiers.

» Vivez pour nous apprendre le courage qui reste supérieur à toutes les épreuves, pour nous montrer une âme toujours à la hauteur du devoir. Quand nous nous attristons de nos propres peines et de nos luttes douloureuses, nous jetons les yeux sur Vous, et notre force renaît.

» Vivez pour voir l'Église pacifiée, ses ennemis repentants et réconciliés, pour voir le monde agenouillé par la Foi et l'amour aux pieds de cette Chaire où Votre règne aura laissé un impérissable souvenir. »

Il était impossible de mieux dire, et le ton ajoutait encore au charme de la parole sympathique et chaleureuse de notre éminent Evêque.

Le Saint-Père s'est levé et d'une voix à la fois pleine de force et de mansuétude, d'autorité et de bonté, a prononcé, en Français — délicate attention — une brillante Allocution dont voici l'analyse aussi fidèle que possible.

Sa Sainteté a dit tout d'abord combien Elle était touchée des nobles sentiments que venait d'exprimer le premier pasteur du diocèse. Puis Elle a ajouté :

« Vous êtes venus pour vénérer dans la capitale du monde catholique le Tombeau des apôtres saint Pierre et saint Paul ; je vous en fais mes compliments. Vous-mêmes, vous devez être fiers d'appartenir à une ville qui a été fondée par un Saint et qui lui a donné son nom. Les apôtres saint Pierre et saint Paul ont trouvé ici une grande ville entièrement livrée au paganisme ; ils ont changé ses mœurs et sa religion et l'ont ainsi ramenée à Dieu ; saint Brieuc, au contraire, fonda une église dans un endroit inhabité, et cette église devint bientôt un couvent, une ville, un diocèse. Ce fut, en effet, à la fin du cinquième siècle que saint Brieuc obtint un terrain pour y bâtir une église. Près de cette église s'éleva bientôt un couvent dans lequel il appela des Religieux qui ne tardèrent pas à sanctifier la Bretagne et à lui inculquer ces grands principes catholiques qui l'ont toujours distinguée. Le diocèse de Saint-Brieuc, ainsi fondé, a duré douze siècles jusqu'au jour où les dominateurs de la France n'en voulurent plus et le supprimèrent avec tant d'autres, mais il fut rétabli plus tard par le Souverain-Pontife....

» Je sais que le Patron de votre cathédrale est saint Etienne. A ce propos, je vous conseille, mes chers enfants, d'aller faire une visite à la basilique de San-Lorenzo hors-les-murs. Là se trouve, à côté du tombeau de saint Laurent, le tombeau de saint Etienne : les deux premiers diacres, saint Etienne, celui de l'Orient; saint Laurent, celui de l'Occident. Pendant que saint Etienne était lapidé, il levait les yeux au Ciel, et disait : Je vois les Cieux ouverts et Jésus debout à la droite du Père, *Video Cœlos apertos.*

» En visitant la basilique de San-Lorenzo, vous ne mériterez pas de voir, comme saint Etienne, les Cieux ouverts et notre Sauveur assis à la droite de son Père, mais vous obtiendrez toujours la protection de ce grand Saint. Du reste, la Foi nous enseigne que les Cieux sont ouverts même maintenant. L'enfer vomit, — comment dirai-je, — de son gouffre, la rage, la haine, l'impureté, le blasphème, l'impiété dont se sert la Révolution. Il est hélas ! des gens qui veulent établir l'empire de la matière, et qui ne pensent pas à autre chose.

» Mais, de l'autre côté, il y a le Ciel ouvert d'où découlent toutes les faveurs spirituelles. C'est de là que les pères de famille reçoivent les grâces nécessaires pour conduire leurs enfants dans le sentier de la vertu. C'est là encore que les prêtres, que Dieu a destinés à instruire le monde, puisent les grâces de leur vocation sainte et les moyens d'enseigner la Vérité non-seulement par l'exemple de la vie, mais encore par la force de la parole.

» Ah ! mes enfants, il faut lutter avec courage, résister à toutes les tentations; il faut rester fermes dans le devoir. Que mes chers Bretons persévèrent dans leurs nobles sentiments afin de se rendre de plus en plus dignes des bénédictions du Seigneur ! »

Le Saint-Père a répété combien les paroles du digne Pasteur du diocèse de Saint-Brieuc avaient donné de consolation à son cœur paternel.

Il s'est écrié en terminant :

« Et maintenant, recevez ma bénédiction. Qu'elle descende sur vous et vous console ; qu'elle vous accompagne pendant tous les jours de votre vie et jusqu'à l'heure de votre mort. Je bénis le Pasteur principal, le clergé, ceux qui sont ici présents et tout le diocèse de Saint-Brieuc ; je bénis aussi la France, afin que Dieu la protége et la préserve de tout malheur.

» *Benedictio Dei omnipotentis... descendat super vos et maneat semper !* »

Quelle joie dans nos cœurs quand, agenouillés sous la main du Vicaire de Jésus-Christ, nous avons reçu la Bénédiction apostolique ! Avec quelle ferveur nous avons prié pour nos familles, nos amis, la France, l'Église et Pie IX, c'est-à-dire pour tout ce que nous aimons, tout ce que nous honorons dans le plus profond de notre affection et de notre respect ! Pie IX, dont la bonté pour les Bretons a été touchante, a permis à quelques-uns d'entre nous — nous étions du nombre — de s'approcher de sa personne vénérée. Tandis que nous baisions avec respect sa mule et sa main, le Saint-Père, sur la trop flatteuse présentation de Monseigneur, a daigné laisser tomber sur nous de sa bouche sainte, quelques mots de très-haute bienveillance.

Les encouragements, les félicitations dont le Saint-Père a bien voulu nous honorer nous ont comblé de joie.

O Saint-Père, notre Evêque si cher vous a dit, autant qu'il est possible de l'exprimer, tout ce que nos cœurs contiennent d'amour, de dévouement pour l'Église de Jésus-Christ et pour son Chef infaillible. Qu'il en soit remercié !

Nous n'oublions pas que la Primauté de Pierre fortifie, loin de les diminuer les liens entre les brebis et le Pasteur de notre diocèse.

Oui, Saint-Père, nous Vous aimons jusqu'à savoir mourir, si le malheur des temps nous demandait le sacrifice de notre vie, pour la défense de Vos droits imprescriptibles.

Nous Vous aimons de toutes les forces de notre cœur. Et, même dans ce jour, où la bénédiction du Ciel est descendue sur nos têtes par l'entremise de Vos mains sacrées, nous osons dire que notre tristesse est égale à notre joie. Nous sommes heureux, certes. très-heureux d'avoir pu affirmer à Vos pieds l'hommage de notre Foi et de notre amour. Mais le Vatican est dans le deuil, et nous nous associons à Vos douleurs. Notre Père bien-aimé est captif, et la Bretagne fidèle Vous souhaite avec l'effusion de ses plus ardentes prières : la liberté, une longue vie, le triomphe

— aussi prochain qu'il est certain, — de Votre cause qui est celle de l'Eglise dont Vous êtes le Chef, de la France qui Vous est si chère.

D'autres peuples Vous vénèrent, mais seule la France sait Vous aimer.

Et l'audience est déjà finie !....

---

3 mai.

Beaucoup de pèlerins Bretons ont été admis aujourd'hui, vers 11 heures, à l'audience particulière du Saint-Père qui jouit d'une très-bonne santé, et a parcouru les rangs, sa canne à la main. Sa Sainteté, heureuse du bonheur qui rayonnait sur tous les visages, a prolongé sa promenade à travers les salles de réception du Vatican.

J'ai eu l'insigne honneur d'obtenir une audience privée. Pourquoi ne pas l'avouer? Ma religieuse émotion a été telle que, agenouillé devant le Vicaire de Jésus-

Christ, j'ai été dans l'impossibilité absolue d'exprimer au Saint-Père ma vénération et mon amour.

Je me suis borné, dans le ravissement de mon âme à contempler les traits augustes du Souverain-Pontife, et à appeler, par mes prières, ses bénédictions sur nous tous.

Le Saint-Père a daigné me renouveler ses félicitations et ses encouragements.

On me trouvera bien coupable de n'avoir pas profité de la faveur qui m'était accordée pour faire entendre à Pie IX le cri de mon filial et respectueux dévouement. Mais, je pense que mon silence puise son excuse dans son motif, et, d'ailleurs, je ne suis pas le seul à être troublé par l'allégresse à la vue de Pie IX, c'est-à-dire du Représentant de Dieu sur la terre. Ceux qui connaissent le regard et le sourire du Pape comprendront mon émotion.

Quelles joies que les nôtres !

Comme l'on est bien à Rome! je parle de Rome catholique.

---

4 et 5 mai.

Une bienveillante demande de Monseigneur David à Pie IX, m'avait valu hier le bonheur d'être reçu par le Saint-Père, dans la salle de la Capella, c'est-à-dire dans l'un des appartements réservés. Monsignor Macchi, maitre de la Chambre de Sa Sainteté, a été pour moi d'une gracieuseté qui m'a pénétré de gratitude. Madame la princesse Massimo m'avait recommandé à Monsignor Macchi, et, certes, j'ai pu apprécier le crédit dont jouit au Vatican cette grande dame, si bonne, si simple dans son intérieur tout parfumé des vertus chrétiennes. Madame la princesse Massimo, née Lucchesi Palli, est la fille de Madame la duchesse de Berry; elle aime la France de tout son cœur, et elle parle notre langue non-seulement avec correction mais avec entrain. Je me serais reproché de ne pas exprimer, dans ces notes de voyage, ma reconnaissance respectueuse à cette patricienne qui m'a accueilli avec tant de grâce et tant de cordialité dans le vieux palais Massimo.

Quant au secrétaire de Monsignor Macchi, il n'a jamais voulu me dire son nom, mais il m'avait pris sous son active protection, et j'ai emporté de ce jeune prêtre le plus affectueux souvenir.

Le lendemain 4 mai, j'ai été admis à l'audience de onze heures, qu'on appelle particulière parce qu'elle a un caractère moins solennel que celle de l'après-midi.

Le Saint-Père a fait le tour de la salle du Consistoire. Ah ! cette fois, j'ai vaincu ma timidité, et j'ai pu dire à Pie IX combien je l'aime, et lui demander de bénir ma famille, mes amis, et l'œuvre dont l'*Indépendance bretonne* est l'organe. Le but de mon Pèlerinage était rempli.

De l'audience du 5 mai, je ne parlerai que pour mémoire. Elle a eu lieu dans la grande salle ducale. Nous y assistions tous, mais les Parisiens n'ont pas le sentiment de la discipline comme les Bretons, et ils ont oublié, peut-être trop, que le Pèlerinage national concernait le diocèse de Saint-Brieuc aussi bien que celui de Paris.

Trois mille personnes étaient rangées dans la grande salle ducale, petite dans la circonstance, et, selon une expression vulgaire, on aurait entendu voler une mouche. En réponse à l'adresse lue par M. le Vte de Damas, le Pape prononça du haut de son trône la magnifique Allocution qui a été reproduite par tous les journaux du monde catholique.

L'enthousiasme était immense, mais en franchissant la porte des Suisses, chacun de nous, obéissant aux instructions reçues, s'abstint soigneusement de donner prise au zèle des agents de la police italienne.

Ceux qui disent que Pie IX n'est pas prisonnier mentent avec cynisme. Il est sous la garde des alguazils à la solde piémontaise; le Palais Pontifical n'est pas cerné par des soldats, mais par des agents de police. Voilà *l'Eglise libre dans l'Etat libre*. C'est le libéralisme en action!

2, 3, 4 et 5 mai.

Qui voudrait se dérober aux conseils de Pie IX? Nous partons pour Saint-Laurent hors les Murs, située à un kilomètre au delà de la porte San-Lorenzo. La vieille église de Constantin est devenue une superbe basilique à trois nefs divisées par 22 colonnes ioniques en granit égyptien. Pie IX l'a fait restaurer avec le plus grand soin. Je remarque les deux ambons de marbre, une colonne pour le cierge pascal, et une belle mosaïque au milieu de laquelle figure Jésus-Christ, assis sur un globe, et tenant la croix d'une main, tandis qu'il bénit de l'autre.

Dans la crypte, derrière le tombeau des deux diacres de l'Orient et de l'Occident, est la pierre qui a servi au supplice de saint Laurent. On y distingue, avec un frémissement d'horreur, les larges taches produites par la chair fumante et le sang du Martyr. Le gril est à Saint-Laurent près du Corso.

En sortant, je passe devant la statue de bronze représentant le saint, et j'entre dans le Campo-Santo. Ce cimetière est très-beau, avec ses galeries et ses monuments funéraires, et on l'agrandit et l'embellit encore. Nous nous arrêtons en grand nombre autour du splendide monument en marbre blanc érigé par Pie IX aux volontaires morts pour la défense de l'Église. Un chevalier agenouillé reçoit une épée des mains de saint Pierre; on lit sur le socle ces mots en texte latin: « Reçois mon glaive, présent de Dieu, par lequel tu déferas les ennemis de mon peuple d'Israël. » Et au-dessous : « Aux courageux soldats indigènes et étrangers qui, en 1867, combattant dans plusieurs combats, contre des troupes parricides, pour la Religion et pour le salut de la ville, répandirent dans leur victoire même leur vie avec leur sang, Pie IX, Souverain-Pontife, ordonna d'ériger ce monument pour que le témoignage de sa propre reconnaissance envers ses enfants les plus méritants, ainsi que le souvenir de leur courage fût transmis saint et sacré à la postérité. »

Comme excuse aux yeux de la démagogie, et pour la conservation de ce mausolée qui porte les noms des principaux héros, les envahisseurs de la Ville-Éternelle ont ajouté, en guise de commentaire, cette inscription qui ne flétrit que ceux qui l'ont fait graver :

« Ce monument, que le gouvernement théocratique a érigé à la mémoire d'étrangers mercenaires, Rome rachetée le laisse à la postérité comme un témoignage éternel d'un temps calamiteux.

» S. P. Q. R. 24 octobre 1871. »

Glorieux soldats du Christ, cette basse injure ne troublera pas votre renommée! La conscience des honnêtes gens fait justice de ces insulteurs. Mercenaires! nos Bretons courant à la défense du Saint-Siége pour la plus sainte des causes! Mercenaires! tous ces braves jeunes gens, l'élite de la France, de la Belgique et des autres pays catholiques!

Tyran! le Pape doux et paternel, aussi sage dans l'exercice de son pouvoir temporel que ferme dans l'accomplissement de ses devoirs de Pontife! Tyran! le bien-aimé Pie IX!

Nous haussons les épaules, car notre colère tourne au mépris, et nousmontrons, en priant à haute voix sur cette tombe et sur celle de Madame de Charette, que nous sommes avec les morts fidèles contre l'apostasie des vivants.

Dans la soirée, en rentrant dans Rome, nous avons visité les antiques églises Sainte-Pudentienne et Sainte-Praxède, très-riches en pieux souvenirs. On montre dans chacune d'elles le puits où ces deux sœurs versaient le sang des Martyrs et déposaient leurs ossements. A Sainte-Praxède, nous nous prosternons devant une relique qu'il suffit de nommer pour en faire comprendre le caractère éminemment sacré : c'est la colonne à laquelle Notre-Seigneur fut attaché durant la flagellation et sur les flancs de laquelle coula le sang divin du Sauveur ! Cette colonne, en marbre noir et blanc, est placée dans une niche de la chapelle Saint-Zénon, où les femmes ne peuvent entrer, sous peine d'excommunication.

A Sainte-Pudentienne on conserve la table de bois sur laquelle saint Pierre célébra souvent la Sainte Messe. Cette église fut, au deuxième siècle, fondée par le Pape S. Pie I, sur l'emplacement de la maison du sénateur Pudens, converti avec sa famille, par son hôte le Prince des Apôtres. C'est en cette habitation que saint Lin et saint Clet reçurent les onctions sacrées des mains de saint Pierre ; c'est de là que partirent avec leur mission les nombreux Apôtres de l'Occident réchauffés dans la grâce de Dieu par le premier des Papes et par saint Paul.

Du 2 au 5 mai, nous avons visité beaucoup d'autres églises. Citons notamment Saint-Augustin, où l'on célébrait, le 4, la fête de sainte Monique, et où se trouve le crucifix en bois devant lequel saint Philippe de Néri faisait souvent oraison ; Santa Maria sopra Minerva, voisine des hôtels où logeaient les Pèlerins, et qui a été bâtie sur l'emplacement d'un temple de Minerve. Nous avons dans cet édifice, le seul de style ogival qui soit à Rome, admiré le tombeau du grand pape

Léon X, celui de Mgr Durand, évêque de Mende, et une statue du Christ debout, tenant la Croix, par Michel-Ange.

Après avoir visité les églises les plus curieuses, nous allons aux Catacombes. Nous suivons la voie Appienne bordée de murs sur la plus grande partie de son parcours. Hors de la porte de Saint-Sébastien, nous nous arrêtons quelques instants à la chapelle *Domine quo vadis*, ainsi nommée parce que saint Pierre se sauvant de Rome rencontra en cet endroit Notre-Seigneur portant la Croix et lui dit : « Seigneur, où allez-vous? *Domine, quo vadis ?* « Et Jésus répondit : « Je vais à Rome pour monter de nouveau sur la Croix. » A ces mots, saint Pierre reprit le chemin de la Ville-Eternelle et vint affronter le martyre.

Nous avons franchi deux milles, et nous arrivons à la Basilique de Saint-Sébastien. Dans la première chapelle à droite, est conservée, derrière une glace, la pierre blanche qui garde l'empreinte des pieds du Sauveur, lorsqu'il apparut à saint Pierre sur la voie Appienne, dans les circonstances que rappelle la petite église *Domine quo vadis*. La Basilique, d'origine très-ancienne, est bâtie sur le cimetière de Saint-Calixte. Elle contient le corps de saint Sébastien, une des flèches du supplice et la colonne où celui-ci fut attaché.

De l'église nous descendons dans les Catacombes où sont les tombeaux de saint Sébastien et de sainte Lucine qui enterra le martyr. Treize *arcosolia* (tombeaux arqués) forment la ceinture de la crypte souterraine *Platonia*, précédée du *cubiculum*, ancienne chambre des Papes.

Entre le second et le troisième *arcosolium* à gauche, s'élevait la chaire pontificale sur laquelle, suivant la tradition. siégeait le pape saint Étienne lorsqu'il subit la décollation. Un banc de marbre demi-circulaire et adhérent au mur servait aux prêtres. Au centre de l'édifice est un autel antique de la base duquel on aperçoit l'orifice du puits où furent transportés, au premier siècle de notre ère, les restes de saint Pierre et de saint Paul, dans un but qui n'est pas encore bien nettement expliqué. Le Pape saint Corneille fit réintégrer les reliques de saint Pierre au Vatican, celles de saint Paul aux eaux Salviennes.

La Catacombe de saint Calixte, voisine de saint Sébastien est l'une des plus vastes de celles qui entourent Rome. On y descend par un large escalier qui prend jour sur un champ de vignes. Le vestibule est garni d'inscriptions en caractères grecs et latins, gravées pour la plupart, au IVe et au Ve siècle, par les fidèles venus en Pèlerinage dans ces asiles de la primitive Foi. Au fond de la crypte des Papes, découverte en 1851 par M. de Rossi, est un autel sur lequel se célébrait le Saint-Sacrifice. Le pape Damase, en procédant à sa restauration, y fit graver la belle épitaphe suivante :

HIC CONGESTA JACET QUAERIS SI TURBA PIORUM
CORPORA SANCTORUM RETINENT VENERANDA SEPULCRA;
SUBLIMES ANIMAS RAPUIT SIBI REGIA COELI
HIC COMITES XYSTI PORTENT QUI EX HOSTE TROPHEA.
HIC NUMERUS PROCERUM SERVAT QUI ALTARIA CHRISTI,
HIC POSITUS LONGA VIXIT IN PACE SACERDOS;
HIC CONFESSORES SANCTI QUOS GRAECIA MISIT,
HIC JUVENES, PUERIQUE, SENES CASTIQUE NEPOTES,
QUIS MAGE VIRGINEUM PLACUIT RETINERE PUDOREM
HIC FATEOR DAMASUS VOLI MEA CONDERE MEMBRA,
SED CINERES TIMUI SANCTOS VEXARE PIORUM.

« C'est ici que, si tu me le demandes, reposent » les ossements de la foule des Saints dont les » âmes ont pris leur essor vers le palais du Ciel : » c'est ici que sont les compagnons de saint » Sixte, chargés des trophées qu'ils ont rem- » portés sur l'ennemi ; c'est ici qu'est la foule » des ministres saints qui gardent les autels du » Christ ; c'est ici que repose le pontife qui vécut » jouissant de la longue paix ; ici sont les saints » confesseurs que la Grèce a envoyés à Rome ; » ici reposent des enfants, des jeunes gens, des

» vieillards et des vierges. Ici, je l'avoue, moi » Damase, j'aurais voulu ensevelir ma dépouille; » mais j'ai craint d'insulter aux cendres des » saints. »

Dans la crypte on remarque les fragments des pierres sépulcrales de saint Eutychianus (275), saint Anthère (235), saint Fabien (236), saint Lucius (232).

A gauche est la chapelle de sainte Cécile, voisine du sarcophage de saint Urbain. Sur la muraille deux fresques représentent : l'une, la sainte en riche dame romaine; l'autre, la tête de Notre-Seigneur, dans le type bysantin, et entourée d'un nimbe. Ces peintures remontent au VIe ou VIIe siècle.

D'autres fresques, datant du Ier au IIIe siècle, sont très-curieuses, non-seulement comme antiquités, mais au point de vue religieux. Dans la chapelle du Bon Pasteur, on voit la multiplication des pains et des poissons par le Sauveur: image de la sainte Eucharistie, figurée ailleurs par un poisson portant un gâteau et une fiole renfermant du vin rouge. La guérison du paralytique emportant son grabat est le symbole frappant du Sacrement de Pénitence, et l'eau qui jaillit du rocher rappelle le Baptême.

Dans une de ces fresques, dépeintes avec une remarquable exactitude par M. le chanoine Bleser, le Bon Pasteur porte un agneau sur ses épaules; de chaque côté sont des brebis qu'un apôtre veut ramener à son Maitre; l'une tourne le dos avec un air marqué de dédain, l'autre regarde et écoute attentivement; une troisième, indifférente, broute l'herbe, mais la pluie du ciel tombe sur toutes.

La chapelle de saint Corneille où fut enseveli ce Pape et Martyr contient une fresque dans laquelle celui-ci, en costume épiscopal, et saint Cyprien, massacré pour la Foi en Afrique, tiennent en main le livre des Évangiles.

Les Catacombes sont divisées en une multitude de galeries creusées à différents niveaux et occupant une zône de trois kilomètres tout autour de la Ville. On estime la somme totale des lignes d'excavation à 580 kilomètres, soit à la longueur de l'Italie. Ces galeries pratiquées dans le tuf sont d'une largeur de quatre-vingts centimètres et s'élargissent de distance en distance pour former les *cubicula* (chambres carrées), qui furent ici des oratoires, là des caveaux de famille. Les tombeaux *loculi*, creusés dans les parois latérales sont superposés, horizontalement et parallèlement à la voie, au nombre de trois à douze, selon l'élévation des galeries. Beaucoup sont encore clos. De petites fioles fixées au-dessous d'un trou pratiqué dans la pierre, le marbre, ou les briques qui fermaient les *loculi*, servaient à recueillir le sang des Martyrs, et aujourd'hui elles indiquent d'une manière certaine les tombes de ceux-ci. De petites lampes en terre cuite éclairaient les détours de ces souterrains à travers lesquels un guide conduit les Pèlerins qui ont tous un petit lumignon de cire à la main.

Mes lecteurs comprendront facilement avec quels sentiments de pieux respect, nous accomplissons cette excursion au milieu de la poussière des saints des premiers âges de l'Église. A chaque pas, la Religion a marqué la place de ses intrépides défenseurs ; à chaque pas, des héros de la Croix ont remporté la palme du triomphe. Et puis un jour, de cet ossuaire sacré l'Église est sortie radieuse et forte. Ainsi des persécutions présentes l'Eglise sortira victorieuse. Fasse Dieu que le Pontife, qui a été à la peine, vive assez pour être à l'honneur !

NAPLES ET POMPÉI

6 et 7 mai.

Monseigneur David et les Pèlerins partis pour Naples dans la nuit y arrivent le dimanche 6 mai. Les hôtels sont encombrés et la question de logement devient difficile à résoudre.

Après la Messe dite dans une petite chapelle contiguë à l'hôtel de Rome et située sur les quais où dort déjà le lazzarone, nous montons à Naples.

Le Palais-Royal, le théâtre San-Carlo sont d'une architecture médiocre, et peu en rapport avec la belle place sur laquelle ils sont bâtis. L'église qui leur fait face ne rappelle qu'à titre de réduction peu exacte Saint-Pierre de Rome et la colonnade de Bernin.

La rue de Tolède, tant vantée, a une longueur de deux kilomètres, mais elle est étroite et bordée de magasins qu'on ne regarderait même pas à Paris, Lyon ou Bordeaux.

Comme pittoresque, je signalerai les petites rues qui y aboutissent et dont les maisons très-hautes sont reliées par des ponts, garnis eux-mêmes de constructions; ce quartier a quelque analogie commerciale avec le marché du Temple, à Paris, mais la population est mendiante, sale, importune, et la réputation de Naples perd à cette étude de mœurs.

Les églises sont généralement riches, principalement Santa-Chiara, le Gesu et Saint-Janvier. Dans cette dernière, qui est la cathédrale, la chapelle de Santa-Restituta, à gauche, et celle du Trésor, à droite, méritent une attention particulière.

Quant au couvent de San-Martino qui domine la ville, il faut le visiter : 1° à cause de sa chapelle où de vrais bijoux d'art sont enchâssés dans un écrin digne d'eux ; 2° pour jouir du plus magnifique point de vue que l'on puisse rêver. Inutile d'ajouter que les Religieux ont été chassés de la vieille abbaye; des soldats détiennent le monastère. C'est ici comme à Rome; on a mis les moines à la porte de leur propriété séculaire, occupée militairement, de par la loi violatrice du droit, et contrairement aux principes de la plus vulgaire honnêteté.

Le Musée a une grande renommée, il était donc nécessaire de le visiter. La collection provenant des fouilles d'Herculanum et de Pompéï, présente, dit-on, un réel intérêt; je veux bien le croire, quoique je ne saisisse point la nécessité de se pâmer d'enthousiasme, pas plus devant un pâté, retour du Vésuve, que devant l'Hercule ou le taureau Farnèse.

L'après-midi fut consacrée à un voyage à Pompéï, qui est à 24 kilomètres de Naples. La voie ferrée, resserrée longtemps entre des murs, devient plus gaie à partir de Portici (où il n'y a plus de muette).

et côtoie la mer. Nous ne voulons pas aller à Herculanum, et nous continuons par Torre del Greco et Torre dell Annunziata. Entre ces deux stations s'élève sur une hauteur isolée un couvent de Camaldules.

Nous sommes en gare ; à cent pas de la station est l'hôtel dit de *Diomède* où l'on vend des articles modernes de Pompéï, des camées, des laves et du corail. Un chemin tout bordé de rouges et larges ficoïdes nous conduit au tourniquet ; ce compteur mécanique ne s'ouvre que si l'on paie. Le Musée contient des objets divers recueillis dans les fouilles, et des moulages très-réussis des victimes de la catastrophe du 23 août 79. Ces moulages ont été obtenus en coulant du plâtre dans les creux formés dans la cendre volcanique par les cadavres. Si quelque Pèlerin a cru voir des squelettes pétrifiés, il a été dupe de son imagination troublée par de faux renseignements. Quelle effroyable histoire que celle de cette journée dans laquelle une cité, en fête le matin, fut ensevelie sous une grêle de pierres et sous une pluie de cendres ! Cela fait penser à Sodome et à Gomorrhe dont Pompéi était devenue la rivale de débauche !

La ville est un peu au delà du Musée ; des guides nous conduisent à travers ses rues étroites, dallées et munies de trottoirs au-dessous desquels sont deux rainures parallèles, sans doute, destinées aux roues des chars. Mais à quoi pouvait servir le gros cube de pierre qui, de loin en loin, obstrue presque complètement la voie ?

On se tromperait étrangement si l'on croyait que dans Pompéi déblayé, on retrouve une cité à peu près intacte. Tout est en ruines, au contraire. Il n'y a plus que des rez-de-chaussée, mais il serait possible, à l'aide des vestiges des divisions intérieures, de reconstituer par la pensée les édifices aux trois-quarts écroulés, qui, pour la plupart, n'avaient qu'un ou deux étages. J'avoue n'avoir pas eu ce souci ; j'ai mieux aimé regarder la fumée du Vésuve et le bleu de la mer.

Le *vestibulum*, l'*atrium*, l'*impluvium*, le *tiblinum*, le *peristylium*, le *triclinium* m'importent aussi peu que le *forum civile*. En face de tant de cendres, c'est le cas de faire la lessive du passé.

J'ai aperçu sur les murs quelques peintures, et, vu leur obscénité, j'ai regretté qu'elles n'eussent pas disparu pour toujours. Sous le rapport historique, Pompéï ne représente qu'un municipe latin du Ier siècle. Détruite par un tremblement de terre le 5 février 63, elle était à peine rebâtie l'an 79, quand le Vésuve la détruisit de nouveau.

Détail digne de remarque : les maisons de Pompéï ne possédaient aucune fenêtre sur les rues, qui devaient être peu gaies. Elles manquaient également d'écuries. Pauvres Pompeïennes, pauvres chevaux !

Le soir, je rentrais à Naples, fatigué, et bien résolu à ne pas aller respirer du soufre sous le fallacieux espoir de faire l'ascension du Vésuve. Quelques Pèlerins qui ont accompli, les uns à pied, les autres à cheval, cette rude corvée, sont revenus ravis... je dois le dire. Voir de la lave, entendre des grondements sourds, cela peut être très-séduisant, mais je n'ai pas été séduit : il faisait si chaud !

Naples doit surtout sa célébrité à ses alentours. Aussitôt après notre déjeuner, nous prenons une voiture, et sans nous arrêter devant le prétendu tombeau de Virgile aussi peu entretenu que peu certain, nous traversons la grotte de Pausilippe, tunnel de 668 mètres de longueur, sur 6 mètres de largeur et sur 76 mètres de hauteur à ses extrémités, qui fut creusé à une époque si lointaine qu'on ne peut la préciser. La route de Pouzolles à la mer est des plus agréables à suivre. On a devant soi Biacs, dont le golfe a été chanté par Horace, moins bien que par Lamartine.

La grotte de Séjan, devant laquelle nous passons, est plus grande que celle du Pausilippe. Je ne parle ni des Solfatares, ni de la grotte d'Ammoniaque, ni de la grotte du Chien, toutes plus ou moins sous l'influence du voisinage du Vésuve. Nous rentrons en ville par la *Villa Reale*, grande promenade de Naples, mais j'en demande pardon à toutes les Napolitaines et à tous les Napolitains, si leur rue de Tolède ne vaut pas la rue de Rivoli, la Villa Reale est du rococo à côté du bois de Boulogne.

Il est 9 heures, je me rends à la Cathédrale où l'on m'annonce que des prières ont lieu en vue d'obtenir le miracle dit du sang de saint Janvier. L'église est comble. Je puis néanmoins, sur une aimable invitation, entrer dans le chœur et, sur les marches de l'autel, je suis toutes les phases de la cérémonie.

Un chanoine mitré, entouré d'un nombreux clergé, récite des prières et, se tournant vers la foule, lui montre de temps en temps le reliquaire vitré renfermant la fiole où est coagulé le sang de saint Janvicr. D'instant en instant, il tourne et retourne le reliquaire. Le sang est encore solidifié ; alors, les femmes, qui remplissent le devant de la nef, passent de la prière aux objurgations envers San Gennaro (S. Janvier). C'est une scène indescriptible. Cependant, peu à peu, la liquéfaction se fait ; l'officiant agite un linge et montre aux fidèles la fiole. Le miracle est accompli et de la façon la plus péremptoirement convaincante. Je suis venu, j'ai vu, j'ai cru. On entonne le *Te Deum*, et l'on vient vénérer la relique en glorifiant saint Janvier.

Impossible de quitter Naples sans voguer dans sa rade charmante: Nous montons à quinze dans une tartane ; la mer est un peu grosse, mais nous avons déjà doublé la pointe du château de l'Œuf, et le panorama nous enchante. Naples se dessine en amphithéâtre dans le fond du tableau, tandis que les ravissants contours du golfe semblent nous convier à une excursion que le défaut de temps nous empêche seul d'accomplir. Voici Portici, Torre-del-Annunziata, Castellamare, où naquit le Tasse qui vint mourir non loin des mêmes bords. Sur le rivage opposé est Pausilippe. Voici l'île de Nisita, et plus loin celles de Procida, d'Ischia. Si nous mettions le cap droit devant nous, nous irions à l'île Capri et à la grotte d'Azur, où l'on voit tout en bleu, mais le train n'attend pas, et nous avons hâte de retourner à Rome.

De la tartane où une dame veut bien avec ses deux filles, aussi gracieuses que leur mère, chanter une barcarole, nous sautons dans un fiacre, et du fiacre en chemin de fer. De Rome à Naples nous avions voyagé la nuit ; profitons donc de la vue dans notre trajet de retour.

Voici les principales stations de notre itinéraire :

Caserte et son superbe château royal, aujourd'hui délaissé ; Capoue, dont les délices ne nous tenteront pas comme un simple Annibal ; San-Germano, où quelques Pèlerins nous quittent pour aller à la célèbre abbaye du Mont-Cassin, qui par son origine remonte à saint Benoit, fondateur de l'ordre des Bénédictins.

Nous arrivons à Rome vers 10 heures du soir.

Nous ne pouvons avoir la prétention de visiter les 375 églises de Rome, mais nous serions coupables de ne pas nous rendre, en franchissant la porte Pia, de douloureuse mémoire, à Sainte-Agnès-hors-les-Murs. Nous passons devant le le Quirinal sis sur la place de ce nom, qui est appelée également Monte-Cavallo, à cause de la fontaine ornée de cavaliers. On sent que la vie s'est retirée de ce palais depuis que la Papauté l'a quitté. Quel contraste entre le Quirinal et le Vatican, entre les vociférations poussées pour le statut italien et les hommages rendus par l'univers catholique au glorieux successeur de Pierre. Ici la honte sinon le remords; là une foule de fidèles attirés par l'amour et par le respect aux pieds du vrai Roi de Rome, du Chef de cette Église dont les ancêtres de Victor-Emmanuel l'excommunié furent les serviteurs dévoués.

Une route bordée d'élégantes villas nous conduit à Sainte-Agnès. Sous un portique, dans la cour de la Basilique, une fresque rappelle le grand danger auquel Pie IX échappa, lors de l'écroulement d'un plancher en 1854 pendant une visite de Sa Sainteté. Protégé miraculeusement, ainsi que toute l'assistance, très-nombreuse au moment de l'accident, le Pape, pour perpétuer le souvenir de sa gratitude envers Dieu, décida que la Basilique serait restaurée aux frais de sa cassette.

L'église, construite par Constantin à l'endroit où fut trouvé le corps de sainte Agnès, est sur l'ancien niveau du sol ; on descend par un escalier de 45 degrés, tout couvert d'inscriptions extraites des Catacombes ; les trois nefs sont séparées par seize colonnes antiques d'ordre corinthien, dont deux en marbre violet très-rare. La galerie supérieure, destinée aux femmes, est formée par un second rang de seize colonnnes moins grandes.

Les corps de sainte Agnès et de sa sœur de lait, sainte Émérentienne, sont placés sous le maître-autel qui couronne un baldaquin aux quatre colonnes de porphyre rouge à points blancs, marbre excessivement rare.

Les mosaïques sont très-belles, notamment celle de la voûte de l'abside représentant sainte Agnès, vêtue d'un étincelant costume grec et entourée des Papes Symmaque et Honorius Ier, dont on remarque la simplicité monacale sous leurs habits sombres et austères.

Les Catacombes de Sainte-Agnès où nous sommes descendus, sont identiques à celles de Saint-Calixte et de Saint-Sébastien. Il est bon d'insister cependant sur un point important. Sur ces *loculi* on trouve de touchants appels à la prière en faveur des morts. Nos ancêtres dans la Foi croyaient donc au Purgatoire, contrairement à ce que prétendent les protestants.

De même, à Saint-Clément, où nous allons, à notre retour dans la Cité sainte, de vieilles fresques figurent l'Assomption de la Très-Sainte Vierge ; les protestants sont donc encore mal fondés à soutenir que la dévotion à la Mère du Sauveur n'est pas d'antique tradition chrétienne ! Mais ils ont des yeux et ils ne veulent pas voir.

L'église, bâtie par saint Clément, collaborateur de saint Paul et quatrième pape, sur l'emplacement même de la maison de son père, voie du Colisée à Saint-Jean de Latran, a subi de nombreuses transformations.

Deux basiliques sont élevées l'une au-dessus de l'autre, et la supérieure qui date du XIIe siècle est moins spacieuse que l'édifice inférieur dont on a longtemps ignoré l'existence, et dont on ne peut préciser la date d'érection.

La basilique supérieure où l'on pénètre par une cour carrée *(atrium)* est à trois nefs formées par seize colonnes de styles et de marbres divers. Détail singulier : la nef de gauche est plus large que celle de droite. Je me borne à cette description sommaire ; j'admire les mosaïques, mais je suis le custode qui nous introduit par l'escalier souterrain dans la basilique inférieure. Ici, les murs racontent avec éloquence les saintes croyances des premiers chrétiens, les miracles de saint Clément, la gloire de Jésus-Christ et celle de l'auguste Reine du Ciel.

A Sainte-Marie-aux-Anges, nous avons vénéré de nombreuses reliques et admiré la *Présentation de la Vierge*, par Romanelli, le *Baptême de Notre-Seigneur*, par Maratta, et la grande fresque sur le *Martyre de saint Sébastien*. Cette fresque a été transportée de la Basilique Vaticane, et, pour effectuer ce transport qui semblait impossible, il a fallu scier à une très-grande profondeur le mur embelli par la palette magistrale du Dominiquin.

La statue de saint Bruno, en marbre blanc, par le sculpteur français Houdon, mérite l'éloge qu'en fit le pape Clément XIV :

« Saint Bruno parlerait si la règle de son Ordre ne le lui défendait. »

De Sainte-Marie-aux-Anges, bâtie sur les thermes de Dioclétien, près de la gare, nous allons à l'église de la Trinité des

Monts, et nous ne manquons pas de visiter dans le voisinage le cimetière des Capucins, ossuaire souterrain où la sainteté a enlevé à la mort son caractère hideux. Les Pèlerins vont ensuite prier dans les chambres de saint Louis de Gonzague, du P. Berchmans, de saint Ignace et du bienheureux Labre. Ces chambres sont converties en chapelles et contiennent de précieux souvenirs et des reliques de ces illustres serviteurs de Dieu.

En rentrant à l'hôtel, nous apprenons une triste nouvelle :

Mgr Mabile, le *bon et pieux évêque de Versailles*, (ce sont les propres expressions du Saint-Père), a succombé durant la nuit du 7 au 8, dans le couvent des Frères de Saint-Jean-de-Dieu, à la maladie qui le minait. Aujourd'hui, 9 mai, ont eu lieu ses obsèques, et l'assistance était considérable. Mgr David, malade depuis hier, s'est fait représenter par M. le chanoine Prud'homme, doyen du chapitre.

9 mai.

Malgré l'affluence à Rome des Pèlerins de toutes les parties du monde, Monseigneur David a obtenu vingt cartes pour l'audience de ce jour. Sa Grandeur ne peut être à notre tête, et délègue pour la remplacer M. le vicaire-général Frélaut-Ducours qui nous assure, par son initiative, les meilleures places. Les Parisiens viendront après les Bretons.

A midi le Saint-Père fait son entrée dans la salle du Consistoire. Pie IX parcourt les rangs, et chacun de nous se réjouit de l'air de santé et de satisfaction qui rayonne sur le visage du Souverain-Pontife. Le Pape a eu pour tous un mot de paternelle bonté, et quand sa promenade a touché à sa fin, Il a dit qu'Il accordait de grand cœur toutes les bénédictions demandées, mais qu'il fallait, sous peine de rendre nulles ces faveurs, mériter ces bénédictions en travaillant dans les voies de l'Eglise contre l'esprit du monde. Il ne s'agit point, a dit le Saint-Père, pour vous tous, de vivre en ermites, dans la solitude. Vous voyez bien que le Pape, lui-même, n'est pas un ermite, puisqu'il a le bonheur de contempler ses enfants fidèles groupés en ce moment autour de Lui. Mais il faut être contre le monde, même dans le monde. Voilà ce que demande la Religion de Jésus-Christ.

Après avoir béni l'assistance agenouillée, Pie IX s'est retiré, suivi des prières les plus ferventes et des vœux les plus ardents,

A l'issue de l'audience, enhardi par la haute bienveillance dont j'étais comblé, j'osai demander, par lettre, au Saint-Père, de vouloir bien m'octroyer la joie d'assister à sa Messe le lendemain, fête de l'Ascension. Je joignis à cette demande deux portraits de Sa Sainteté, au bas desquels je La suppliais de daigner m'accorder par écrit sa bénédiction pour ma famille, pour l'œuvre de propagande catholique dont l'*Indépendance bretonne* est l'organe, et pour moi.

Monseigneur Cenni, secrétaire de Sa Sainteté, tout en acceptant le pli que j'eus l'honneur de lui remettre, me laissa peu d'espoir sur l'issue de ma double démarche. Nonobstant, je persistai. J'avais foi dans l'exquise bonté du bien-aimé Pie IX.

---

10 mai, Fête de l'Ascension.

Et ma Foi ne fut pas trompée! A 7 heures j'étais dans la salle de la Capella, vestibule donnant par une porte à deux battants sur la petite chapelle privée, très-simplement ornée. Nous n'étions que six élus. A 7 h. 1/2 précises, le Saint-Père monta à l'autel et commença le Saint-Sacrifice. Jamais je n'oublierai la piété et la componction de l'Auguste Officiant tenant entre ses mains vénérables le Dieu caché dont Il est le Vicaire. Son visage était baigné de larmes; or les larmes d'un Saint valent le sang d'un Martyr. Le Pape dit sa Messe lentement, mais le temps nous parut court. Sa Sainteté ne se tourna vers les fidèles que pour donner sa bénédiction ; à l'issue du Saint-Sacrifice, Elle assista à une Messe d'actions de grâces dite par l'un de ses chapelains, M. le curé de Santa-Maria in-viâ-lata. Et nous pûmes ainsi célébrer au Vatican la grande fête de l'Ascension !

Pie IX, après nous avoir encore une fois bénis, rentra dans ses appartements. La douce vision s'était évanouie. Hélas ! Rome n'était plus Rome pour nous, puisque nous ne devions plus revoir le Saint-Père !

Le soir même de l'Ascension, je recevais des mains de Monsignor Cenni les deux portraits garnis de la bénédiction apostolique.

PIE IX

Si Pie IX n'était point, par son caractère sacré, le plus grand des hommes, il serait néanmoins l'objet du plus sympathique et du plus unanime tribut d'affectueux respect. Et Pie IX est le Chef de l'Eglise, et Pie IX porte, sans faiblir, la triple couronne de son infaillible et royale Primauté, d'une vieillesse miraculeuse dans sa verdeur, du malheur qui, si pesant qu'il soit, reste inférieur aux admirables vertus de l'héroïque Pontife.

Le Saint-Père sait allier merveilleusement la majesté qui convient au Pape avec une bonhomie charmante. De taille élevée, il a un embonpoint suffisant pour attester la santé sans nuire à la correction de la forme ; son visage représente le type romain dans son expression la plus distinguée. Le front large et haut n'a que quelques rides, un nez aquilin surmonte la bouche dont l'âge n'a pas altéré les contours délicatement dessinés. Des yeux noirs, grands, vifs, perçants éclairent cette figure autour de laquelle on cherche d'instinct une auréole.

Le regard de Pie IX est à la fois d'une franchise toute chrétienne, et d'une finesse tout italienne. L'une ne fait aucun tort à l'autre.

Rien de plus mobile que la physionomie du Saint-Père. Il entend doux et souriant l'adresse de Mgr David ; à certains passages, il dit *benè, bravo*, puis il prend, avec une lenteur expressive, sa prise de tabac, et il y a dans la pose du priseur et dans le froncement de la narine, un curieux sujet d'observation.

Tous les Pèlerins ont compris cette éloquence de l'œil qui écoute et du geste qui parle, de la bouche qui s'entr'ouvre doucettement dans un sourire plein de grâce. Le Pape se lève, et la Majesté du Vicaire de Jésus-Christ se révèle à côté de la bonté du Père. La voix est forte, puissante; elle remplit la salle où elle retentit. La main sur le bras de son trône en velours rouge, Pie IX, droit, comme si les années avaient refusé de frapper par derrière ce courageux champion de la Vérité, affirme ses prérogatives souveraines, imprescriptibles, avec une autorité qui tire sa certitude de plus haut que les mesquins calculs de la politique et les indécisions des choses humaines.

Le Saint-Père est un véritable orateur, et malgré son âge, il prononce, soit en Italien, soit en Français, avec un accent agréablement romain, sans texte écrit, sans même une note, les magnifiques Allocutions qui ont dans le monde entier un écho si fidèle et si profond. Ses plus courtes improvisations sont empreintes d'une érudition où l'ironie et même le mot plaisant se mêlent sans disparate au genre homélique des Pères de l'Église. Le discours du 2 mai n'a pas été communiqué dans son texte sténographié.

Sa Sainteté a dit que ce jour-là Elle avait parlé non pour tout le monde, mais pour les Bretons. Si nous regrettions le discours, nous ne pouvions qu'être charmés du commentaire.

L'amabilité de Pie IX, égale à sa prodigieuse mémoire, ravit tous ceux qui ont le bonheur de l'approcher. Dans ses audiences, il aime surtout l'ordre dans les rangs, — habitude militaire, — et il se prodigue d'autant plus que les Pèlerins restent à leur place, sans se précipiter pour baiser sa mule. Sa Sainteté a beaucoup loué les Bretons de leur discipline, même dans leur enthousiasme, et pour témoigner sa satisfaction aux diocésains de l'Aveyron, Elle les a appelés ses Bretons du Midi. « Bons Bretons comme ils m'aiment et me sont dévoués » disait et redisait le Saint-Père. Le fond du caractère du Pape est empreint de jovialité malgré l'adversité des temps.

— Allons, allons, il faut enlever cette barricade, disait-il en caressant du bout de sa canne les mains jointes d'enfants agenouillés sur son passage.

Et comme une dame lui présentait, par l'entremise d'un Évêque, une calotte neuve dans l'espoir de recevoir, en échange, celle du Saint-Père, celui-ci toucha du doigt la calotte, mais ne la prit point, et se mit à sourire comme pour tempérer les regrets causés par un refus nécessaire. Ce jour-là, plus de mille personnes voulaient offrir des calottes neuves au Saint-Père. La vénération qu'inspire Pie IX est touchante ; on baise la trace de ses pas, on se dispute les reliques de ce Saint, et, cette fois, la voix du peuple est bien la voix de Dieu. Les Pèlerins désiraient emporter des reliques de leur Père bien-aimé, cheveux, morceaux de vieux vêtements, pain resté sur la table pontificale. M. P. Turgis a dû tout donner aux Bretons, ses compatriotes, pour lesquels il a été rempli des plus grandes prévenances.

M. P. Turgis, ou. comme on l'appelle sans qu'il y prétende malgré sa robe violette, Monsignor Turgis, a été assailli de demandes et il a donné satisfaction à toutes, ce qui n'était point facile.

On a beaucoup écrit sur l'emploi de la journée du Pape. Je ne voudrais pas tomber dans des redites, mais les notes prises sous la dictée de M. P. Turgis seront lues avec intérêt ;.je les transcris.

Le Saint-Père se lève à cinq heures en tous temps ; il s'habille sans l'assistance de qui que ce soit. Après avoir fait quelques prières, il monte dans sa petite chapelle particulière où le Saint-Sacrement est toujours conservé, pour y faire la préparation à la Sainte-Messe. A sept heures et demie précises. Il descend et se rend dans son autre chapelle pour célébrer le Saint-Sacrifice, après lequel il assiste en action de grâces à une seconde Messe, dite par un de ses chapelains.

Vers huit heures trois quarts Pie IX prend un bouillon et une tasse de café noir. Après ce déjeûner il reçoit le cardinal Siméoni, remplacé le mardi et le vendredi par son substitut. Vers dix heures le Saint-Père examine son courrier. Les audiences particulières commencent ensuite ; tâche pénible et laborieuse car il s'agit des questions les plus graves qui puissent intéresser la Religion et la Société : Cardinaux, évêques, simples fidèles, viennent de tous les points du monde, porter aux pieds du Chef de l'Église leurs requêtes et leurs hommages. Le Pape demeure assis pendant toutes ces audiences ; on se tient en sa présence à genoux, ou s'Il le permet, debout. Les cardinaux et les princes ont le privilège, non exclusif du reste, de s'asseoir sur un tabouret.

En entrant dans le cabinet du Pape, on fait trois génuflexions, la première au seuil de la porte, la seconde à mi-chemin, la troisième aux pieds du Saint-Père. On baise sa mule ou sa main, puis commence l'audience.

Dès que celle-ci est finie, Sa Sainteté agite une sonnette, et une autre personne, succédant à celle qui vient de partir, est annoncée et introduite par le prélat de service. Les hommes seuls sont admis de la sorte dans les appartements du Pape ; c'est une règle invariable. Les dames sont reçues dans d'autres salles.

C'est le plus souvent entre onze heures et midi que le Saint-Père sort de sa chambre pour aller au jardin ou à la bibliothèque faire sa promenade, accompagné de sa cour; sur son passage il y a toujours des familles ou des députations qui lisent ordinairement une adresse à laquelle il répond avec l'à-propos que l'on sait. Ces réceptions constituent les audiences dites de onze heures.

A une heure et demie Pie IX rentre dans ses appartements, s'entretient quelques minutes avec son entourage, le congédie et va de nouveau méditer devant le Saint-Sacrement.

A deux heures il dîne. Son frugal repas se compose du potage, du bouilli, d'une friture, du rôti et d'un plat de légumes. Un fruit constitue le dessert. Depuis quelques années seulement, il consent à boire, au lieu de vin blanc ordinaire, du vin de Bordeaux que lui envoient les sœurs de Saint-Joseph qui ont la vigne du Saint-Père.

Après son dîner, en été, le Pape fait la sieste environ un quart d'heure. Le temps qui suit est employé à la récitation de son chapelet et de son bréviaire. Vers quatre heures, en hiver, Il fait une autre promenade dans les loges de Raphaël, escorté de quelques prélats et rentre avec cette suite jusqu'à l'heure de l'*Angelus* qu'il récite ainsi que le *De profundis*. Chacun se retire et les audiences particulières recommencent alors jusqu'à l'heure du souper (9 heures), souper dont voici le menu exact : deux pommes de terre cuites dans l'eau, avec du sel pour tout assaisonnement, et un fruit. Monsignor Cenni, son caudataire, assiste à ses repas et reste avec lui un quart d'heure.

A dix heures, le Saint-Père panse lui-même ses deux exutoires (qu'il plaça, il y a 20 ans, sur l'excellent conseil d'un médecin Français), avant de se mettre au lit pour prendre un repos si saintement et si laborieusement gagné.

Le Saint-Père ne se promène plus avec la même régularité, depuis quelque temps, dans les magnifiques jardins du Vatican ; mais, quand cela lui est permis par ses médecins, il va prier devant la grotte qu'il a fait construire au fond d'une allée et qui reproduit très-fidèlement la grotte de Notre-Dame de Lourdes. On comprend que Pie IX ait une dévotion particulière envers l'Immaculée Conception. Il vient aussi s'asseoir à l'ombre d'un grand arbre et boire à une fontaine dont l'eau est remarquablement bonne, et d'une fraicheur exceptionnelle.

Quelquefois on veut essayer de le détourner de ses promenades, mais alors la bonhomie fait place à un ton d'irrésistible volonté. Récemment, comme on objectait, à l'un de ses projets, l'état de sa santé, il répondit : « Je dors et je mange bien ; mes cautères sont en bon entretien ; je me porte à merveille, et je ferai ce que je voudrai. » Je tiens ce renseignement de S. E. le cardinal de Falloux, qui, soit dit en passant, s'est mis pour les Bretons en frais de très-grande amabilité.

Comme il est aisé de le deviner, les Pèlerins sont allés souvent dans les jardins du Vatican qui leur étaient toujours ouverts. Tous ont voulu cueillir une fleur des orangers et citronniers qui parfument les allées. Quelqu'un ayant critiqué cette cueillette : — On ne vole pas son Père, fit observer un prêtre, et Mgr David sanctionna cette solution théologique d'un sourire qui tint lieu d'approbation.

---

11 mai.

La dernière audience donnée à notre Évêque par le Saint-Père fut encore plus aimable, plus bienveillante que les précédentes. En recevant le reste du magnifique denier que Monseigneur lui portait, Sa Sainteté disait avec son fin sourire : « cela ne finira donc jamais ! » Et pour montrer sa satisfaction, le Souverain-Pontife a remis à l'Évêque de Saint-Brieuc un magnifique émail entouré de pierres précieuses. Après l'audience de Monseigneur, écrit M. l'abbé Michel, nous avons été reçus. Jamais le Saint-Père ne nous avait paru si bien portant, si gai, si bon. Il nous a bénis une dernière fois et nous nous sommes retirés emportant gravé dans notre âme le souvenir de cette grande figure qui domine le monde de toute la hauteur de son autorité, de sa parole et de son amour.

Nous partons demain, et il est grand temps de jeter un coup d'œil rapide comme une simple énumération, sur Rome, considérée par son petit côté. En dehors de ses souvenirs catholiques, de ses monuments religieux, de ses musées qui montrent avec tant d'éloquence l'alliance de la Religion et de l'art, la Ville-Éternelle ne brillerait pas d'un vif éclat. Se prêtant peu aux embellissements modernes, la cité des Papes perdrait à se dégager de son originalité pleine de charmes.

Rome compte 150 places. Nous avons déjà parlé de plusieurs; citons encore :

La place Navone avec son obélisque et ses deux fontaines,

La place d'Espagne, où Pie IX a consacré, par une magnifique colonne en *cipollino*, marbre carystien, le souvenir béni de la proclamation du dogme de l'Immaculée Conception,

La *place Colonna*, bordée de palais,

La place de Venise, à l'entrée du Corso,

La *place du Peuple*, décorée au centre d'un obélisque et sur les côtés de deux fontaines monumentales. Les églises Sainte-Marie-*Dei-Miracoli*, Sainte-Marie-*di-Monte-Santo* et Sainte-Marie-*del-Popolo* encadrent la place du Peuple, dominée par la belle promenade du Monte-Pincio.

Parmi les cinquante fontaines environ, qui ornent Rome, il faut noter outre celles que j'ai déjà signalées dans le cours de mon récit, la fontaine Pauline, la plus abondante de toutes, et la fontaine de Trévi dont la décoration, peu en proportion avec la place où le monument est situé, vise plus à l'effet qu'elle ne l'atteint. Les rues de la Ripetta, del Babuino, le Corso, sont très-fréquentées, mais n'offrent rien de remarquable. Quelqu'un me vante le Corso « où le soleil ne pénètre jamais, » me dit-il. Singulier éloge, on en conviendra. Cette voie aussi longue que relativement étroite est le rendez-vous de la haute fashion ; on y prend des glaces au quiproquo.

— Garçon, avez-vous des glaces ?

— Oui, signor.

— *A quoi* sont-elles ?

— *Aqua*, si, si, signor, subito.

Et le garçon m'apporte une carafe d'eau, Au reste, l'eau était fraiche et la glace très-savoureuse.

Je ne dis rien des villas de Rome, villas Torlonia, Borghèse, Doria Pamphili, et cependant ces villas sont remplies d'autant de charmes que d'opulence.

---

12 mai.

Les Pèlerins vont quitter Rome et ils se rendent à Saint-Pierre. Ils sont venus, du reste, y prier chaque jour. La dévotion attire vers la Basilique Vaticane, où l'on est si près de Pie IX, et où, dans la chapelle souterraine élevée sur le Tombeau des Apôtres, les Bretons fidèles ont tenu à se nourrir du Pain des forts.

L'heure du départ a sonné.

Adieu donc, ô Cité où nous sommes venus rendre témoignage de notre Foi, qui a pris une nouvelle vigueur, au milieu de tous ces monuments dont la Coupole est la synthèse admirable. Adieu, Capitale du monde catholique, où nous avons eu la félicité indicible de voir et d'entendre le Pontife infaillible, le Pasteur de nos âmes qui règne sur nos cœurs comme sur nos consciences par l'autorité de sa mission divine !

Et vous, ô Très-Saint-Père, permettez-nous, au moment où nous saluons pour la dernière fois le Dôme qui disparait à nos yeux de ne plus contenir ce cri de prière et d'amour :

Vive le bien-aimé Pie IX !

PISE

13 mai.

De Rome à Pise la route est monotone, dès qu'elle ne longe plus la mer. Le paysage souffre toujours de la grande étendue des plaines. Le beau port de Civita-Vecchia, et, dans le lointain, à moitié enfouie dans la brume, la silhouette de l'île d'Elbe, voilà tout ce que je trouve à mentionner, mais que de souvenirs font naître ces noms liés à l'histoire de l'Eglise et de la France !

Nous sommes arrivés dans la nuit à Pise.

C'est aujourd'hui Dimanche ; nous nous rendons à la Cathédrale.

Le *Duomo* date du XIe au XIIe siècle, il fut dédié par les Pisans à la Sainte-Vierge, en mémoire de la victoire remportée par eux en Sicile sur les Sarrazins. On compte tant à l'extérieur qu'à l'intérieur, qui a cinq nefs, 350 colonnes. Le plafond à caissons dorés de la grande nef ne répond pas aux bas-côtés qui sont voûtés.

Ce sont, dit-on, les oscillations de la grande lampe de bronze suspendue dans la nef qui mirent Galilée sur la voie de la théorie du pendule. On remarque dans la Cathédrale plusieurs tableaux de prix, notamment d'Andrea del Sarto.

Le Baptistère est voisin du Dôme. La piscine des fonts baptismaux est en marbre blanc, de forme octogone, et orné de belles inscrutations.

La chaire de Nicolas de Pise date de 1260 ; elle est portée par des colonnes reposant sur des lions et autres figures de style bysantin. Les bas-reliefs en marbre blanc, particulièrement celui du Jugement universel, sont d'un habile fouillé.

Monseigneur fait chanter un cantique et les Pèlerins sont ravis de la sonorité de l'écho.

Le Campo-Santo, presqu'attenant au Baptistère, est une vaste galerie couverte formant un long rectangle. On ne regarde guère les tombeaux, mais l'œil se fixe sur les murs pour admirer les fresques d'Orcagna et autres artistes célèbres. Le *Triomphe de la Mort*, le *Jugement dernier* sont des œuvres immortelles, nous dit notre Évêque, et je crois, sur parole, qu'elles sont dignes de cet éloge d'un vrai connaisseur, mais quant à *immortelles*, voyez donc, Monseigneur, la brique qui ressort sous la peinture. C'est la tuile du temps qui va tomber sur Orcagna.

Nous avons gardé pour la fin de notre excursion l'ascension au Campanile. La tour penchée est très-coquette avec ses huit étages de 207 colonnes. Ce clocher, de forme cylindrique, a 54 mètres et demi de hauteur. Son inclinaison qui est à l'extérieur de 4 mètres 319 millimètres servit aux expériences de Galilée sur les lois de la gravitation. Du haut du Campanile nous avons une vue très-étendue et nous apercevons la mer.

Le Cathédrale, le Baptistère, le Campanile et les galeries du Campo-Santo sont en marbre qui a été blanc.

GÊNES

13 et 14 mai.

De Pise à Gênes, la route est pittoresque. Voici à Massa, sur les flancs des montagnes neigeuses, les carrières de marbre de Carrare ; voilà la Spezzia et son port aussi sûr que vaste. A partir de cette ville la voie ferrée contourne le golfe et les tunnels se succèdent nombreux ; à gauche la mer ; à droite des jardins remplis de citronniers et d'orangers tout chargés de leurs beaux fruits qui brillent au soleil. L'aloës, l'olivier, le cactus complètent cette luxuriante végétation du littoral. Il fait nuit quand nous entrons en gare de Gênes.

Le lendemain, 14 mai, nous visitons les principales églises, l'*Annunziata*; dans la sacristie de la Cathédrale (Saint-Laurent), nous voyons le *Sacro Catino* trouvé à la prise de Césarée en Palestine, en 1101. Ce vase en émeraude, présent de la reine de Saba à Salomon, serait celui dans lequel Notre-Seigneur Jésus-Christ mangea l'Agneau pascal avec ses disciples. La châsse, d'argent, remarquablement ciselée, qui contient les cendres de saint Jean-Baptiste, se trouvait aussi renfermée dans la sacristie, la chapelle dédiée au Saint étant en réparation.

Détail significatif : pour nous faire ouvrir le meuble où est renfermé le *Sacro Catino*, nous avons dû aller au municipe (hôtel de ville), où les clefs sont déposées. Il n'y a que trois hommes qui savent ouvrir la serrure.

Les monuments religieux ou civils sont, à Gênes, laids, à cause des luxueuses décorations dont le goût n'égale pas la richesse.

La promenade de l'*Acqua sola* est très-jolie, et, de la villa Negro, l'œil embrasse la baie spacieuse, les quais hérissés de mâts et la ville dont les constructions sont étagées en gradins sur la colline.

Gênes-la-superbe, ne mérite qu'à demi son surnom, malgré ses palais et ses édifices de marbre.

A l'hôtel des *Quatre-Nations*, où je suis descendu, on me demande trois francs de bougie pour une nuit. Et, sur ma réclamation, il m'est répondu qu'il y avait trois bougies dans ma chambre. Je dois m'estimer fort heureux que la fantaisie ne soit pas venue à monsieur le maître d'hôtel de mettre vingt-cinq bougies sur la cheminée de mon appartement, car j'aurais, de par le raisonnement précité, été constitué débiteur de vingt-cinq francs. Qu'on rie encore des économies de bout de chandelles !

On dégrève enfin ma note, mais je ne change pas d'opinion sur les *Quatre Nations*. Cet établissement devrait prendre pour enseigne : *Aux Quatre Voleurs*.

Nous achetons des objets en filigrane d'or et d'argent, et nous montons en wagon pour Turin, ou nous arrivons dans la soirée.

DE TURIN A MODANE

14 et 15 mai.

A Turin, nous avons fort peu de temps pour compléter notre visite de l'aller.

A neuf heures, en route pour Modane. A midi, le train débouche du tunnel du Mont-Cenis. Nous sommes en France! Avec quel plaisir nous foulons le sol chéri de la Patrie! Et puis, voici les journaux, voici le tabac français, voici la monnaie métallique. Les chiffons de papier italien nous paraissent encore plus crasseux et nous nous en débarrassons au plus tôt.

La visite de nos bons douaniers est pleine de courtoisie, et nous dînons en attendant le second train qui réunira tous les Pèlerins pour le long trajet jusqu'à Paris.

A deux heures, la locomotive s'ébranle, le sifflet du départ réjouit notre cœur. Je ne dirai rien de ce voyage, sinon qu'à

Aix-les-Bains, nous croisons, aux cris de Vive Pie IX, les Pèlerins de Nantes, se rendant à Rome, avec leur vénérable évêque, Mgr Fournier, qui est mort durant son pieux voyage à Rome.

DE PARIS A SAINT-BRIEUC

Arrivés à Paris le 16, à quatre h. du soir, les Pèlerins y ont séjourné les uns jusqu'au lendemain, les autres jusqu'au surlendemain. Inutile de dire qu'au retour comme à l'aller, ils ont tenu à prier dans les Sanctuaires du Sacré-Cœur et de Notre-Dame-des-Victoires.

Le 17 dans l'après-midi, le train épiscopal roulait sur la terre bretonne. De Rennes à Saint-Brieuc, il déposa les Pèlerins arrivés successivement au terme de leur parcours. Des prêtres et des fidèles étaient venus à chaque station saluer Monseigneur et recevoir les parents et les amis. A Lamballe, les quais de la gare étaient garnis d'une haie de sympathiques compatriotes.

On entendait encore le bourdon de Notre-Dame, que déjà les cloches de Saint-Brieuc, sonnant à toute volée, annonçaient que le Premier Pasteur du diocèse rentrait dans sa ville.

Il était 6 heures 44 du soir.

Une foule immense remplissait la cour de la gare et les rues y aboutissant. Monseigneur, entouré des Pèlerins et de leurs familles, tous débordant de joie, fut l'objet d'une véritable ovation.

UN DERNIER MOT

Heureux sommes-nous d'avoir ressenti ces joies saintes; heureux sommes-nous d'en rendre grâce à Dieu, en achevant ce récit bien imparfait de tant de grandes et douces émotions!

Que ces pages soient l'expression de notre inaltérable dévouement à l'Église, de notre amour filial pour son Chef auguste, dont les bénédictions ont appelé sur les Pèlerins et sur leurs familles la protection du Ciel!

Que Monseigneur David veuille bien agréer, au nom de tous, nos remerciements pour les bontés dont Sa Grandeur a comblé avec tant de persévérance les Pèlerins qui en garderont toujours mémoire et gratitude.

Et vous tous, mes compagnons de voyage prêtres que je respecte et que j'affectionne tant, Bretons, dont je suis le compatriote par la Foi et la Fidélité, oh ! laissez-moi, ici, comme au Vatican, vous dire combien je suis heureux de servir au milieu de vos encouragements et de vos sympathies, la cause immortelle de la Religion et de la Patrie !

Catholique et Breton toujours !

LOUIS D'ESTAMPES.

Saint-Brieuc. — Imp. de l'*Indépendance bretonne*.

ERRATA

AU LIEU DE :	LISEZ :
Page 31. — *Le* chaire	*la* chaire.
— 52. — Ce symbole a une forte odeur de paganisme	Ce symbole a une forte odeur de paganisme, que purifie heureusement le nom de saint Marc.
Page 62. — Il y plus de	Il y *a* plus de.
— 74. — Le *de* placé à la 9e ligne doit être reporté à la 11e	
Page 164. — Je me hisse *la* boule	Je me hisse *à* la boule.
Page 170. — *e* proverbe	*le* proverbe.
— 201. — *Voli*	*Volui*.
— 211. — *Tiblinum*	*Tablinum*.
— 213. — *Biaes*	*Baïes* ou *Baïa*.

www.ingramcontent.com/pod-product-compliance
Ingram Content Group UK Ltd.
Pitfield, Milton Keynes, MK11 3LW, UK
UKHW020445200726
13857UKWH00002B/582